**짧아서 더 많이 쓰는
요즘 영어×회화표현들**

백선엽

아는 사람은 다 아는 대한민국 대표 영어책 저술가 백선엽은 국내에서 보기 드문 '영어 커뮤니케이션' 전문가다. 그는 미국에서 저널리즘과 커뮤니케이션을 공부하면서 단순히 영어로 말한다는 개념을 넘어서 제대로 된 의사소통을 하려면 어떻게 해야 하는지 고민했다. 거침없고, 지치지 않는 에너지를 가진 그는 언론학 교수로서, 베스트셀러 작가로서 영어와 교육에 대한 열정을 한계 없이 쏟고 있다. 현재 태국 방콕의 Thammasat University에서 커뮤니케이션을 가르치며 배움의 기회를 넓히고 있다.

저서
〈짧아서 더 많이 쓰는 제스처×영어표현들〉〈영어 쓰기 패턴 사전〉
〈비즈니스 영어 이메일 패턴 사전〉〈영어회화 핵심패턴 233〉
〈3초 5단어 영어회화〉〈오십을 위한 오! 쉬운 영어〉〈박경림 영어성공기〉

짧아서 더 많이 쓰는 요즘 영어×회화표현들

지은이 백선엽
초판 1쇄 인쇄 2025년 9월 1일
초판 1쇄 발행 2025년 9월 11일

발행인 박효상 **편집장** 김현 **기획 · 편집** 장경희, 오혜순, 이한경, 박지행 **디자인** 임정현
마케팅 이태호, 이전희 **관리** 김태옥

기획 · 편집 진행 오혜순 **교정 · 교열** 서영조

종이 월드페이퍼 **인쇄 · 제본** 예림인쇄 · 바인딩

출판등록 제10-1835호 **발행처** 사람in **주소** 04034 서울시 마포구 양화로 11길 14-10 (서교동) 3F
전화 02) 338-3555(代) **팩스** 02) 338-3545 **E-mail** saramin@netsgo.com
Website www.saramin.com

책값은 뒤표지에 있습니다.
파본은 바꾸어 드립니다.

ⓒ 백선엽 2025

ISBN
979-11-7101-183-4 14740
979-11-7101-157-5 (세트)

우아한 지적만보, 기민한 실사구시 **사람in**

짧아서 더 많이 쓰는

요즘 영어
×
회화표현들

백선엽 지음

사람in

PROLOGUE

언제까지 영어를 외국어로, 시험 과목으로 배워야 할까요?
아침에 눈을 뜨자마자 스마트폰을 켜는 이 시대에
이제 영어는 일상이 아닐까요?

잉글랜드 프리미어 리그 선수가 올린 인스타그램 사진에 하트를 누르고
어느 평범한 미국인 가족의 유튜브 브이로그를 보며 댓글을 읽습니다.
넷플릭스에서는 전 세계의 다양한 드라마를 다양한 언어로 볼 수 있고
어느 날은 푸른 눈의 아이에게서 제게 DM이 날아옵니다.
같은 K드라마를 보고 같은 K팝 아이돌의 음악을 듣지요.

이제 우리가 써야 하는 영어는 현재진행형의 살아 있는 영어입니다.
더 이상 문법적 완성도에만 신경 쓴 학교 영어가 아니에요.
스마트폰 하나면 언제 어디서든 전 세계가 연결되는 이 시대에
스몰토크와 티키타카로 소통하고 관계를 트는 영어가 절실합니다.

우리나라 카페에서 커피 한 잔 사는데 영어 한 번도 안 쓸 거 같죠?
모르는 얘기예요. **Coffee, please.**
이런 영어는 외국 어느 곳에서도 할 수 있는 말이지만,
이제 우리나라에서도 쉽게 할 수 있습니다.
K-문화가 세계화가 되고 우리나라를 찾는 외국인들이 정말 많으니까요.

우리나라에서만 쓰는 배달 앱에는 영어 리뷰도 많습니다.
실제 영어와 학교 영어 사이의 멀었던 거리, 확실히 좁혀 드릴게요.

완벽한 문장을 말하기보다는
말을 시작할 수 있는 자신감과 용기를 가지세요.
한 단어로 시작해도 좋습니다.
카페에서 Coffee, please.라고만 말해도 훌륭합니다.
중요한 건 여러분의 영어가 **여러분이 원하는 것을 제대로 전달할 수 있다는 것!**
그리고 이런 생활 표현들은 쉽고 짧을 때 더욱 효과적이라는 것!

이 책에 실린 **요즘 회화 X 영어 표현들**이
여러분의 일상 생활에 자연스럽게 스며들길!
그래서 꾸준히 써먹을 수 있길!
자, 이제 진짜 영어로 말해 볼까요? **Let's get it!**

CONTENTS

4 프롤로그

chapter 1
스마트폰 요즘 영어

12 추가했어.
13 넷플릭스에 있어.
14 네 계정 써도 돼?
15 넷플릭스 가입해서 봐.
16 좀 있으면 내릴 거야.
17 넷플릭스 몰아보기 할 거야.
18 넷플릭스 보면서 쉴래?
19 넷플릭스에서만 볼 수 있어.
20 나 넷플릭스 구독 취소하려고.
21 +PLUS 대화와 표현들
22 넌 어떤 SNS 해?
23 나한테 DM 보내.
24 그 사람 팔로우해?
25 내가 너 태그했는데.
26 내 피드에서 봤어.
27 친구 요청했어.
28 나 걔 차단했어.
29 +PLUS 대화와 표현들
30 걔 어제 나 읽씹했어.
31 당장 걔 언팔해야겠다.
32 이 카페 인스타 각 나온다.
33 보정이 너무 심했나.
34 배터리가 나갔었어.
35 +PLUS 대화와 표현들
36 언제쯤 도착?
37 우버 불러서 갈게.
38 제가 에어비앤비 게스트인데요.
39 애플페이 되나요?
40 그냥 구글 번역기 써.
41 친구들한테 전부 문자 돌렸어.
42 나 유튜브를 너무 많이 봐.
43 그거 공유할 수 있어?
44 나 쿡방 유튜브 해.
45 내 새 유튜브 채널이 떡상했어.
46 너 유튜브 조회수 팍팍 늘려야 해.
47 난 유튜브 쇼츠 중독 상태야.
48 +PLUS 대화와 표현들
51 우리 회의는 줌에서 합니다.
52 그쪽 카메라가 켜 있어요.
53 내가 사진을 잘 받거든.
54 아직 접속 중이에요.
55 네 컴 화면이 멈춘 것 같은데.
56 내 인터넷 연결 상태가 안 좋은 것 같아.
57 제가 끊기면 좀 기다려 줘요.
58 그쪽 오디오가 끊기는 것 같아요.

59	소음이 너무 심해요.
60	자꾸 끊기는데요.
61	내 컴퓨터가 또 말썽이야.
62	+PLUS 대화와 표현들

chapter 2
MBTI 스몰토크 & 썸 타기

64	너 MBTI가 뭐야?
65	내 MBTI는 ENTP 같아.
66	내 MBTI랑 나랑 너무 잘 맞아.
67	나랑 정반대인 MBTI가 ENTP인데.
68	넌 찐 INFP야.
69	MBTI는 정확하지 않은 것 같아.
70	한 사람이 여러 가지 MBTI를 가질 수 있나?
71	우리 MBTI가 같네.
72	+PLUS 대화와 표현들
73	난 좀 너그러워서 말야.
74	아주 사교적인 분이셔.
75	늘 얼굴에 상냥한 미소를 띠고 있어.
76	걔 목소리 진짜 좋더라.
77	걔는 스타일이 진짜 좋아.
78	진짜 예쁘더라.
79	그 사람 안목이 좋지.
80	+PLUS 대화와 표현들
81	우리 어디서 봤죠?
82	말씀 많이 들었습니다.
83	번호 좀 알려 줄래요?
84	나중에 문자 해도 돼?
85	우리 집으로 가자.
86	+PLUS 대화와 표현들
87	너 아직도 폴 만나?
88	네 친구 나한테 소개 좀 시켜 주라.
89	그 애 이름 알아냈어?
90	기회는 지금밖에 없어.
91	당신한테 반했어요.
92	나한테 작업 거는 거예요?
93	우리가 죽이 잘 맞더라고.
94	질척거리는 거예요?
95	심장이 멎는 줄 알았어.
96	우린 잘 헤쳐 나갈 거야.
97	너 때문에 진짜 속상해.
98	왜 자꾸 내 전화를 씹어?
99	내가 상황을 바로잡아 볼게.
100	내가 오버했다면 미안.
101	없던 일로 하자.
102	우린 애증 관계야.
103	우리 정말 끝난 건가?
104	친구로 지내자.
105	이건 네가 자초한 일이야.
106	당신은 나에게 과분해.
107	더 이상 너한테 관심이 없어.
108	좋게 차였어.
109	우리 시간을 좀 가져야 할 것 같아.
110	말하자면 길어.

111	정말로 난 바람 안 피웠어.
112	+PLUS 대화와 표현들

chapter 3
요즘 일상의 영어

116	난 빨래 잘 못 개는데.
117	내가 목록에 적어 둘게.
118	저녁 메뉴 뭔데?
119	조금 비싼데.
120	트렌드 따라가려면 돈이 많이 들어.
121	+PLUS 대화와 표현들
123	카페인 수혈 좀 해야겠어.
124	좀 봐주세요!
125	나 대신 수고해 줄 수 있어?
126	내 말이 뭔지 아시겠어요?
127	살펴볼게.
128	나 생일에 휴가야.
129	생각 좀 해 보고요.
130	다들 같은 생각인지 확실히 합시다.
131	+PLUS 대화와 표현들
134	배달되나요?
135	쿠폰이 있어요.
136	대기 시간이 얼마나 되죠?
137	두 명 자리 부탁합니다.
138	대기 명단에 올려 주세요.
139	음료는 포함된 건가요?
140	저거 두 개 주시겠어요?
141	나 치킨이 너무 먹고 싶어.
142	케첩만 발라 주세요.
143	무료 리필 되나요?
144	커피 내가 살게.
145	커피 마시면서 잠깐 쉬고 싶어!
146	저는 디카페인으로 주세요.
147	라지로 주세요.
148	크림은 빼 주세요.
149	독해?
150	더블로 주세요.
151	+PLUS 대화와 표현들
155	나 좀 봐 줄래?
156	난 딱 알맞은 체중이야.
157	다이어트를 심하게 하고 있지.
158	난 탄산음료를 너무 많이 마셔.
159	난 건강에 무척 신경을 써.
160	+PLUS 대화와 표현들
163	예약이 다 끝났더라고.
164	예약 가능해?
165	에어비앤비를 통해서 예약했어요.
166	어서 타!
167	여기에서 내려 주시겠어요?
168	남서쪽으로 가다가 좌회전하세요.
169	+PLUS 대화와 표현들

chapter 4
짧아서 효과적인 말센스

172	무슨 일 있었는지 알아?
173	있잖아.
174	그럴 수도 있고, 아닐 수도 있고.
175	우리 어디까지 얘기했죠?
176	안 될 이유 없지요.
177	우연히 들었어.
178	100퍼센트 동감해.
179	이해되니?
180	잘 모르겠는데.
181	야, 내 말 듣고 있어?
182	단도직입적으로 말해 주세요.
183	알아, 알아들었다고.
184	그만 좀 귀찮게 해.
185	너 나 생까냐?
186	도대체 왜 그런 소릴 하는 거야?
187	아냐, 됐어!
188	+PLUS 대화와 표현들
190	낯이 익으신데요.
191	내가 이름 외우는 데는 젬병이거든.
192	+PLUS 대화와 표현들
193	취미가 뭐예요?
194	커피는 어떻게 드릴까요?
195	너 비트코인 사 본 적 있어?
196	요즘 너 뭐 하면서 지내?
197	합석할까?
198	+PLUS 대화와 표현들
199	정말요?
200	진심?
201	농담 아니라고!
202	뭐라고요?
203	진짜야!
204	헐, 진짜?
205	왜?
206	그래서 그랬구먼.
207	그런 것 같았어.
208	완벽해!
209	그냥 좀 그래서.
210	오, 흥미로운데!
211	+PLUS 부적절한 질문들
214	네가 결정해.
215	네 마음대로 해.
216	정말 중요한 일 아냐.
217	그럴 수도 있겠네.
218	이에 대한 네 생각은?
219	뭐 좀 생각하고 있었어.
220	내 생각을 좀 말해 줄게.
221	명심할게.
222	생각해 볼게.
223	대화로 해결할 수 있어.
224	+PLUS 대화와 표현들
225	기분 나쁘게 듣지는 말고.

226	그다음은 어떻게 됐어?	251	넘 실망이야.
227	시간이 좀 늦었네.	252	나 왜 이래?
228	이제 마무리할 시간인데요.	253	마음에 걸리는 것들이 있어서.
229	저 가도 될까요?	254	늘 있는 일이지.
230	창문 좀 열어도 될까요?	255	놀라지 마!
231	+PLUS 대화와 표현들	256	조금만 참아.
		257	난 그렇게 쉽게 포기하는 사람이 아냐!
		258	난 잘할 거야.
		259	+PLUS 대화와 표현들

chapter 5
매일 꾸준한 영어 루틴

		261	네 마음에 들면 정말 좋겠어.
		262	네 조언 정말 소중해.
234	날씨 좋네요, 그쵸?	263	큰 신세를 지네.
235	너무 오랜만이네요.	264	별것도 아닌데 뭐.
236	보고 싶었어!	265	+PLUS 대화와 표현들
237	+PLUS 대화와 표현들	267	지긋지긋해.
238	앉아.	268	열 받아 죽겠다!
239	가족들은 어때?	269	아 저런.
240	바쁘게 지내고 있어.	270	나 완전 돌아버리기 직전이야.
241	요즘 컨디션이 별로야.	271	변명하지 마!
242	하늘을 날 것 같아!	272	더 이상은 못 참아.
243	어젯밤 늦게 잤어?	273	재촉 좀 그만해.
244	걱정 끼칠 생각은 없었어요.	274	나 나간다.
245	미안.	275	안부나 전해 주라.
246	사과 받아 줄게.	276	전화하는 거 잊지 말고.
247	평소 너랑 달라 보여서.	277	문자 해.
248	너 몰골이 그게 뭐냐!	278	나 이제 갈게.
249	뭐가 그렇게 좋은데?	279	+PLUS 대화와 표현들
250	기분 완전 꽝이야.		

CHAPTER 1
스마트폰 요즘 영어

넷플릭스 같은 OTT 플랫폼과
인스타그램 같은 SNS가
일상이 된 요즘, 꼭 필요한 표현들

MP3 001

요즘은 넷플릭스나 티빙, 디즈니 플러스 같은 OTT 서비스가 인기야. OTT에선 드라마나 영화 등 프로그램을 자기 시청 목록에 추가할 수 있어. 드라마나 영화를 시청 목록에 추가했다고 할 땐 간단히 I added it.이라고 말하면 돼. add는 '추가하다, 더하다'라는 뜻이야.

I added it. 추가했어.

- **I want to watch that movie.**
  나 저 영화 보고 싶어.
- **I can put it on my watch list.**
  내 시청 목록에 올려놓을 수 있는데.
  시청 목록
  ☆ **put ~ on the list**
  ~를 목록에 올리다
- **That would be great.**
  그래 주면 좋고.
  상대방의 제안이 마음에 든다는 뜻
- **I added it.**
  추가했어.

Watching anything good on Netflix?
요즘 넷플릭스 뭐 봐?

I saved it. 저장했어.
시청 목록에 저장해 두었다는 말로, I added it.과 같은 의미로 쓸 수 있음.

It's on Netflix.

넷플릭스에 있어.

어떤 드라마나 영화가 TV나 OTT 서비스에서 방송된다고 말하고 싶을 때는 전치사 on을 써서 이렇게 간단하게 말하면 돼.
It's on Netflix.는 프로그램이 넷플릭스에서 방영되고 있다는 뜻이고,
It's on TV.라고 하면 TV에서 방영되고 있다는 뜻이지.

👽 **You should watch *Stranger Things*.**
너 〈기묘한 이야기〉 꼭 봐.

🔵 **Is it on TV?**
TV에서 해?

👽 **It's on Netflix.** = **You can find it on Netflix.**
넷플릭스에 있어.

🔵 **I'll add it to my list.** ~를 목록에 추가하다
내 목록에 추가할게.

➕ A **Watch it on Netflix.** 그거 넷플릭스에서 봐.
　 B **I don't get Netflix.** 난 넷플릭스 안 쓰는데.

MP3 **003**

예전에는 account를 '은행 계좌'라는 뜻으로 많이 썼지. 그런데 이제는 아닐걸?
이메일이나 SNS 같은 인터넷 서비스의 '계정'이라는 뜻으로 많이 써.
여기서는 OTT 서비스 계정을 말해. 상대방의 계정을 이용해도 되겠느냐고
물을 때 이렇게 말해.

Can I use your account?

네 계정 써도 돼?

- I heard it's on Netflix.
  그거 넷플릭스에서 한대.

- I thought you didn't have Netflix.
  너 넷플릭스 안 쓰는 줄 알았는데.

  > don't have[get] Netflix
  > 넷플릭스를 이용하지 않다

- Can I use your account?  Let me use your account.
  네 계정 써도 돼? 　　　　　　　　　　　　　 네 계정 좀 쓰자.

  계정, 계좌

- No way, man!
  야, 그건 안 되지!

➕ **Give me your account info.** 네 계정 정보 좀 줘 봐.

You should pay for Netflix.

넷플릭스 가입해서 봐.

---

pay for는 '~에 값을 지불하다'라는 뜻이거든.
그러니까 이 말은 넷플릭스에 가입해서 돈 내고 보라는 의미야.
Can I use your account?라고 묻는 친구에게 거절하면서 할 수 있는 말이겠지?
좀 더 간단하게 Just get Netflix.라고 해도 돼.

👽 You should pay for Netflix. *(~에 돈을 지불하다)* = 🔵 Just get Netflix.
  넷플릭스 가입해서 봐.   그냥 넷플릭스에 가입해.

🙂 It's too expensive.
  너무 비싸서.

👽 It's only 18 dollars a month.
  한 달에 18달러밖에 안 해.

🙂 That's more than I want to spend.
  내 예산보다 비싸서.

A **Can I borrow your Netflix ID and password?**
  네 넷플릭스 아이디랑 비번 좀 빌릴 수 있을까?

B **Just get Netflix.**
  그냥 넷플릭스에 가입해.

MP3 005

OTT 서비스에서 볼 수 있는 드라마나 영화는 서비스 기한이 정해져 있는 경우도 많아. 그럴 때 곧 서비스가 종료된다는 말을 이렇게 해. '기간이 끝나다, 만료되다'라는 뜻의 동사 expire를 쓰는 거지. 참고로 식품의 유통기한을 expiry[expiration] date라고 해.

It's expiring soon.
좀 있으면 내릴 거야.

- We should watch that movie.
  우리 그 영화 봐야 해.
- Why?
  왜?
- It's expiring soon.
  좀 있으면 내릴 거야.

  expire 만료되다, 기간이 끝나다

- Let's watch it tonight.
  오늘 밤에 보자.

+ They're taking it off Netflix soon.
그 작품 넷플릭스에서 곧 내릴 거야.
TV 프로그램, 공연 등을 중단한다고 할 때 take ~ off도 씀.

I will be binge-watching Netflix.

넷플릭스 몰아보기 할 거야.

드라마 등 TV 시리즈를 여러 편 몰아서 보는 걸 영어로 **binge-watch**라고 해. 영어로 '폭식하다'라는 뜻의 **binge**에 **watch**가 결합된 단어야. 나도 드라마 몰아보기의 달인이야. 1990년대에 미국에 있을 때 한인 마켓에서 한국 비디오를 왕창 빌려다 보면서 생긴 버릇이지.

👽 **Big weekend plans?**
주말에 특별한 계획이라도 있어?

😊 **Not really. You?**
별로. 넌?   그다지, 별로, 그럴 리가, 설마.

👽 **I will be binge-watching Netflix this weekend.**
난 주말에 넷플릭스 몰아보기 하려고.   ⭐ **binge-watch** 몰아서 보다, 정주행하다

😊 **Good plan!**
그거 좋네!

A Do you have big plans?
너 무슨 특별한 계획이라도 있어?

B I'm going to binge-watch that show tonight.
오늘 밤에 그 드라마 몰아보려고 해.

> 말 그대로 이해하면 함께 넷플릭스를 보면서 쉬자는 뜻이야.
> 하지만 속뜻은 같이 자기 집에 가서 넷플릭스를 보고 가볍게 관계를 하자는 뜻이지.
> 우리나라 버전으로 바꾸면 영화 〈봄날은 간다〉에 나온 대사,
> "라면 먹고 갈래?"쯤 되겠지? (원래 영화 속 대사는 "라면 먹을래요?")

Netflix and chill?

넷플릭스 보면서 쉴래?

- **What are you doing this weekend?**
  너 이번 주말에 뭐 해?
- **No plans. How about you?**
  딱히 계획 없는데. 넌?
- **You wanna come over and Netflix and chill?** (come over: 누군가의 집에 놀러 가다[오다])
  우리 집에 와서 넷플릭스 보면서 쉴래?
- **Don't be gross!** (gross: 역겨운)
  역겨운 소리 집어치워!

Wanna watch Netflix and chill tonight?
오늘 밤 나랑 넷플릭스 보면서 쉴래?
Let's Netflix and chill.이라고 단도직입적으로 말하면 절대 안 됨!

Only available on Netflix.

넷플릭스에서만 볼 수 있어.

available은 '이용할 수 있는, 입수할 수 있는'이라는 뜻이야. '시간이 되는'이라는 뜻으로도 쓰이고. This show is only available on Netflix.라고 하면 이 프로그램은 넷플릭스에서만 볼 수 있다는 뜻이 되겠지? 〈오징어 게임〉 같은 넷플릭스 오리지널 말이야. 여기서 Netflix 앞에 on을 쓴 걸 주목해.

★ What's ~ called? ~ 제목이[이름이] 뭐야?

- **What's this show called?**
  이 드라마 제목이 뭐야?
- **It's *Squid Game*.**
  〈오징어 게임〉.
- **Is it on TV?**
  TV에서 볼 수 있어?
- **Only available on Netflix.**
  넷플릭스에서만 볼 수 있어.

이용할 수 있는, 입수할 수 있는, 시간이 되는

= It's only on Netflix.
You can only see it on Netflix.

'구독하다'는 subscribe, '구독'은 subscription이야.
옛날에는 주로 잡지 같은 걸 구독했다면, 요즘은 OTT 서비스를 구독하지.
OTT 콘텐츠를 보려면 구독을 해야 하는데, 일정 기간 동안 일정 금액을 계속 내야 해. 그러니 서비스를 그만 이용하고 싶다고 말할 때는 '취소하다'라는 뜻의 동사 cancel을 쓸 수 있는 거야.

I want to cancel my Netflix subscription.
나 넷플릭스 구독 취소하려고.

👽 **I want to cancel my Netflix subscription.** (구독)
나 넷플릭스 구독 취소하려고.
= I'm going to cancel my Netflix.

😊 **Why would you do that?**
왜?

👽 **The price went up again.** = Netflix went up again.
구독료가 또 올랐어. go up (가격이나 구독료 등이) 인상되다

😊 **I hate when they do that!**
그거 진짜 짜증 나!

➕ **I think I'm canceling Netflix.**
나 넷플릭스 구독 취소할 생각이야.
이렇게 현재진행 시제도 가능

Ⓐ **Netflix just raised their prices again.** 넷플릭스가 구독료를 또 올렸다니까.
Ⓑ Seriously? How much? 진짜? 얼마나?
Ⓐ It went up another 2 dollars. 2달러 또 올랐어.
Ⓑ That makes me mad. 열 받네.

- Netflix just raised their prices again.을 간단히 표현하면
  The Netflix (bill) went up again.
- another 또 하나의, 더, 또(another 2 dollars 2달러 더)

Ⓐ Have you seen this movie? 너 이 영화 봤어?
Ⓑ Yeah. It's pretty good. 응. 아주 재밌어.
Ⓐ **Is it better to watch without subtitles?** 자막 없이 보면 더 좋을까?
Ⓑ I'd watch it without. 난 자막 없이 봐.

- Did you watch with subtitles? 너 자막 켜고 봤어?
- Should I watch it with subtitles? 자막 켜고 봐야 하나?
- without subtitles 자막 없이   with subtitles 자막 켜고

SNS를 영어로는 social media라고 하는데, 어떤 SNS를 하냐고 물을 때 이렇게 말할 수 있어. 대답은 I'm on Instagram.이나 I'm on Facebook.처럼 be on을 쓰면 돼. 몇 년 전까지는 페이스북이 대세였는데 요즘은 인스타그램과 틱톡이 대세라지? 몇 년 후에는 어떤 SNS가 대세가 될까?

Which social media do you use?

넌 어떤 SNS 해?

= What social media do you have?

- **Which social media do you use?**
  넌 어떤 SNS 해?
- **I'm on Instagram and Facebook.**
  인스타그램이랑 페이스북.

  be on Instagram[Facebook]
  인스타그램[페이스북]을 하다
- **I'm on both of those, too.**
  나도 두 개 다 하는데. ~둘 다
- **You should follow me.**
  나 팔로우해.

+ **Are you on Instagram[Facebook]?** 너 인스타그램[페이스북] 해?
  어떤 SNS를 하는지 물어볼 때 가장 많이 쓰는 표현
  Do you have Instagram? 너 인스타 계정 있니?
  일종의 작업 멘트

Send me a DM.

나한테 DM 보내.

> DM은 direct message의 줄임말로, 인스타그램이나 엑스(x, 옛 트위터)에서 개인적으로 주고받는 비공개 메시지야. Send me a DM.은 나한테 DM을 보내라는 말이고, 내가 DM을 보낸다는 말은 I'll DM you.라고 하면 돼. I'll send you a DM.이라고 길게 말할 필요 없이, DM을 동사로 쓰면 되는 거야.

✨ **have fun** 즐거운 시간을 보내다

👽 **I had fun tonight.**
오늘 밤 즐거웠어.

👾 **Me, too.**
나도.

모이다, 함께 시간을 보내다

👽 **Let's get together again.**
또 모이자.

👾 **Sure. Send me a DM.** ⊜ **Just DM me.**
그래. 나한테 DM 보내.

I DMed you.
너한테 DM 보냈어.

Can you follow me so I can DM you?
너한테 DM 보낼 수 있게 나 팔로우할래?

> SNS에서 follow는 '(계정을) 팔로우하다'라는 의미야. 그러니까 Do you follow her?는 그 사람을 팔로우하는지 묻는 말이지. 그런데 다른 상황에서 이 표현은 전혀 다른 뜻이 될 수 있어. 길거리에서 따라가는 것도 follow라고 쓸 수 있으니까. 생각해 보니 갑자기 소름이 끼치는데?

Do you follow her?

그 사람 팔로우해?

- Who's your favorite celebrity? (유명인, 유명 연예인)
  너 좋아하는 연예인이 누구야?
- Kristen Stewart.
  크리스틴 스튜어트.
- Do you follow her?
  그 사람 팔로우해?.
- She's not on social media.
  그 사람이 SNS를 안 하네.

Do you follow her on Instagram? 너 인스타에서 그 사람 팔로우해?
Do you guys follow each other? 너희 맞팔하니?

A **Is he on social media?** 걔 SNS 하니?
B **He's not on any social media.** 걔는 아무 SNS도 안 해.

I tagged you.

내가 너 태그했는데.

> SNS에 글을 올린다고 할 때는 동사 post를 써. 사진 올렸냐고 물어보려면 Did you post it?이라고 하면 돼. tag는 다른 거야. SNS 게시물에 다른 사람의 아이디를 링크해서 그 사람에게 알릴 때 태그(tag)한다고 해. 예컨대 친구랑 같이 찍은 사진에 그 친구의 계정을 태그해서 올리는 거지.

🛸 **Did you see the recipe post I shared?**
내가 공유한 요리법 포스팅 봤어?

- recipe: 요리법, 조리법
- post: 온라인에 올린 글, 온라인에 게시물을 올리다
- share: 공유하다, 나누다, 함께 쓰다

👽 **No. Was it on Facebook?**
아니. 페이스북에 올렸어?

🛸 **Yes. I tagged you.**
응. 내가 너 태그했는데.

- tag: 꼬리표를 붙이다, (소셜미디어에서) 태그하다, 언급하다

👽 **I'll check it out.**
한번 볼게.

- check ~ out: ~를 확인하다, 살펴보다

I have to post this. 나 이거 포스팅 해야겠다.
I posted a picture of us. 우리 사진 하나 올렸어.

사전에서 feed를 찾아보면 '밥을 먹이다, 먹이를 주다, 먹이'라는 뜻이 나올 거야.
그런데 SNS에서 feed는 내가 팔로우하는 계정들의 게시물 목록을 가리켜.
쉽게 말해서, 계정을 열었을 때 쭉 뜨는 게시물들을 말해.
그래서 It was on my feed.라고 하면 내 SNS에서 봤다는 뜻이 돼.
on my feed 대신 in my feed라고 할 수도 있어.

It was on my feed.
내 피드에서 봤어.

John and Kate got engaged.
존이랑 케이트가 약혼했다네.

get engaged
약혼하다(행동)
be engaged
약혼하다(상태)

How do you know that?
어떻게 알았어?

It was on my feed.
내 피드에서 봤어.

피드(소셜미디어에서 팔로우하는 계정들의 게시물 목록)

Okay.
그랬구나.

➕ **It was on Instagram.** 인스타에 있었어.
I saw it on Facebook. 페이스북에서 봤어.

I sent a friend request. 친구 요청했어.

> SNS에서 '친구 요청을 하다'는 영어로 send a friend request라고 해. 그러니 페이스북에서 친구 요청을 했다는 말은 영어로 I sent a friend request on Facebook.이라고 말하면 돼. friend를 동사로 해서 I friended him.이라고 말할 수도 있어. "그 사람이랑 친구 맺었어."라는 뜻이야.

👽 **I saw her profile last night.**
어젯밤에 걔 프로필 봤어.

🙂 **And? Did you do anything?**
그래서? 뭐 했어?

👽 **I sent a friend request.**
친구 요청했어.   친구 요청

🙂 **Wow, really?**
우와, 진짜?

A **I requested to follow him.** 그 사람에게 팔로우 요청했어.
B **Did he accept it?** 그 사람이 수락했어?

MP3 **017**

> SNS에서는 특정 계정을 차단하는 경우도 종종 생겨. 그 계정 주인과 다툴 수도 있고, 껄끄럽거나 불편한 상황이 있을 수도 있잖아. 현실 세계와 똑같지. block이 '막다, 차단하다'라는 뜻이니 block을 쓰면 돼. 친구 취소를 하는 건 unfriend, defriend를 써. I unfriended her.는 "나 걔 친구 취소했어."

I blocked her.

나 걔 차단했어.

- **Did you see Kate's post?**
  너 케이트가 올린 글 봤어?

- **No. I don't see her stuff anymore.**
  아니. 걔가 올린 게시물은 이제 안 봐.

  stuff 것, 물건(이름을 모르거나 이름이 중요하지 않을 때, 또는 무엇을 가리키는지가 분명할 때 통치는 표현)
  (부정문, 의문문에서) 이제는, 더 이상

- **Why not?**
  왜?

- **I blocked her.** ☆ block 막다, 차단하다
  나 걔 차단했어.

⊕ **I don't follow her anymore.** 난 이제 걔 팔로우 안 해.
I blocked that jerk. 나 그 거지 같은 놈 차단했어.

⊕ A **Are you friends with Sara?** 너 사라랑 친구지?
B **No. I blocked her.** 아냐. 나 걔 차단했어.
A **Why did you do that?** 왜?
B **We had a fight.** 싸웠거든.

28

Ⓐ **Did you post it?** 그거 올렸어?
Ⓑ Post what? 뭘 올려?
Ⓐ That picture of us. 우리가 같이 찍은 사진.
Ⓑ Not yet. 아니 아직.

Ⓐ Wanna come to the party? 파티 올래?
Ⓑ Yes! Message me for the details. 응! 자세한 내용 보내 줘.
Ⓐ **I'll PM you.** PM 보낼게.
Ⓑ Thanks. 고마워.

- message 메시지를 보내다   details 세부 내용
- PM(private message) 개인 메시지, 개인 메시지를 보내다

Ⓐ **I blocked the person who keeps leaving mean comments.**
계속 악플 다는 사람 차단했어.
Ⓑ Very good. I don't know why they do that. 잘했다. 왜들 그러는지 모르겠어.
Ⓐ They're just trying to bother us. 우리 괴롭히려고 그러는 거야.
Ⓑ It was working. 그건 성공했네.

- leave a comment 댓글을 달다   mean 상스러운, 못된
  bother 신경 쓰이게 하다, 괴롭히다   work 효과 있다, 잘되어 가다
- They can't leave mean comments anymore. 이제는 악플 못 남겨. (차단했으니까)

MP3 **019**

> SNS에서 '읽씹하다'를 영어로 하면? leave [사람] on read라고 해.
> read는 명사로 '읽기'인데, [사람]의 메시지를 읽은 상태로 두고(leave)
> 답을 하지 않는다는 말이니 '읽씹하다'가 되는 거지.
> 이런 걸로 상처를 받는 사람도 많으니까 웬만한 관계면 읽씹하지 말자.

She left me on read yesterday.

걔 어제 나 읽씹했어.

- 👽 **She's going to break up with me.** (~와 헤어지다)
  걔 나랑 헤어질 거야.

- 🙂 **How do you know that?**
  그걸 네가 어떻게 알아?

- 👽 **She left me on read yesterday.**
  걔 어제 나 읽씹했거든.

- 🙂 **Don't be dramatic.** (과장된, 호들갑스러운)
  야, 오버 좀 하지 마.

  = She read my message and didn't respond yesterday.

I should unfollow him right now.

당장 걔 언팔해야겠다.

> '팔로우하다'가 영어로 follow이듯, '팔로우를 끊다'는 unfollow야. 우리가 쓰는 '언팔하다'가 unfollow에서 온 말이지. SNS에서 팔로우하고 언팔하는 건 무척 간단해서, 친구 사이가 틀어졌을 때 바로 언팔할 수 있지. 유명 인플루언서가 사고를 치면 사람들이 바로 언팔을 해서 팔로워 수가 급감하기도 하고.

break up (연인이) 깨지다, 헤어지다

- **Did you know Josh and Lisa broke up?**
  너 조시랑 리사 깨진 거 알았어?
- **Why would they do that?**
  왜 그랬는데?
- **He said he didn't love her anymore.**
  조시 말로는 리사를 더 이상 사랑하지 않는다나 뭐라나.
- **I should unfollow him right now.**
  당장 걔 언팔해야겠다.

언팔하다 (↔follow)

Insta-worthy는 말 그대로 번역하면 '인스타에 올릴 가치가 있는'이라는 뜻이야. 그러니 '인스타에 올릴 만한, 인스타 각이 나오는'이라는 뜻이겠지?
비슷한 말로 Instagrammable이 있어. Instagram에 able(할 수 있는)을 붙였으니 '인스타그램에 올릴 수 있는[올릴 만한]'이라는 뜻이야.
m을 두 번 쓰니까 단어가 꽤 복잡해 보이는군!

This café is Insta-worthy.

이 카페 인스타 각 나온다.

- **This café is Insta-worthy.** = **This café is Instagrammable.**
  이 카페 인스타 각 나온다. 이 카페 인스타 감성 있네.
- **You should share a picture.**
  사진 좀 올려.
- **I'm going to post several.**
  안 그래도 몇 장 올리려고.
- **Take a selfie here, too!**
  여기서 셀카도 찍어! — 셀카를 찍다(selfie 셀카)

A **Wow! Look at this! This is Instagrammable.**
  와! 이것 좀 봐! 인스타에 올릴 만하네.
B **Definitely! You should post it.**
  진짜네! 꼭 올려라.

It looks like an Instagram post. 그거 인스타용이네.
It looks like it should be on Instagram. 인스타에 올려야겠네.
My followers will love this place. 내 팔로워들이 여기 좋아할 거야.

I'm such a catfish.

보정이 너무 심했나.

catfish는 원래 민물고기인 메기를 말하는데, 요즘은 전혀 다른 의미로 많이 쓰여. 포토샵이나 카메라 필터앱으로 보정을 너무 많이 해서 실물과 사진이 아주 딴판인 사람을 가리키지. 보정을 너무 심하게 해서 전혀 다른 사람처럼 보일 때 이런 말을 할 수 있어.

년 ~는 짐작[상상]도 못할 거야.
You'll never guess what I did.
내가 뭔 짓을 했는지 넌 상상도 못할 거야.

Did you make a fake profile?
가짜 프로필 사진 만들었어? *가짜의, 거짓된*

Oh, my gosh. I'm such a catfish.
맙소사. 나 보정이 너무 심했나.

= Oh, my god.
  Oh, my goodness.

Yes, you are.
네가 좀 그래.

I'm being such a catfish. 나 보정이 너무 심했네.
I can't believe I'm catfishing. 내가 이렇게 보정이 심했다니.

MP3 **023**

> 전화가 죽었다고? 휴대전화의 배터리가 없거나 해서 폰이 먹통일 때 이렇게 말해.
> 폰 배터리가 나갔다는 뜻이지. My phone is dead.라고 해도 돼.
> 두 문장의 차이는 My phone died.는 일시적으로 전화가 작동 안 하는 거고
> My phone is dead.는 장시간 폰이 꺼져 있는 상태를 말해.

My phone died.

배터리가 나갔었어.

- You were gonna call me. *(going to)*
  너 나한테 전화한다고 했잖아.

- I'm sorry!
  미안!

- Did you forget?
  까먹었어?

- My phone died. = **I didn't have any battery left.**
  배터리가 나갔었어. (내 폰에) 배터리가 없었어.

> **Why didn't you text me back?** 왜 내 문자에 답 안 했어?
> 문자에 답을 한다고 할 때는 back을 이용해서 text [사람] back

+PLUS

Ⓐ How many followers do you have? 너 팔로워가 몇 명이야?
Ⓑ **I just hit 100,000 followers yesterday.** 어제 10만 돌파.
Ⓐ That's a lot! 엄청 많네!
Ⓑ I know. I can't believe it. 그러니까. 안 믿겨져.

- 달성했다는 의미로 reach나 achieve가 아닌 hit을 쓴다는 데 주목!

Ⓐ What did you think of that feed? 그 피드 어땠어?
Ⓑ It was awesome. 멋지던데.
Ⓐ **Dope, right?** 완전 쩔지?
Ⓑ I can't believe you posted it! 네가 그런 걸 올리다니 믿을 수가 없다!

- dope는 마약이나 운동선수의 기록을 높이기 위해 쓰는 약물을 말함. 운동선수의 금지 약물 검사는 도핑 테스트 (dope[doping] test). 그런데 속어로 '(개)쩐다'라는 뜻으로 쓰임. It's dope. (와, 쩐다)

Ⓐ **You always take pictures to brag about yourself on Instagram.**
년 늘 인스타 자랑용 사진을 찍더라.
Ⓑ What do you mean? 무슨 소리야?
Ⓐ You try to make yourself look better than you are.
실물보다 예뻐 보이게 하려 하잖아.
Ⓑ That's not true! 그건 아니야!

- brag 자랑하다, 뽐내다
- You're so fake on Instagram. 네 인스타는 다 가짜야.

뉴진스 노래 중에 ETA라는 게 있던데?
ETA는 Estimated Time of Arrival의 줄임말이야. '예상 도착 시간'을 뜻하지. 선박, 항공기, 화물, 응급서비스 등에서 사용하는 전문용어인데, 그 외의 평소 상황에도 이렇게 쓸 수 있어. 몇 시쯤 도착할 것 같냐고 묻는 말이지.

What's your ETA?
언제쯤 도착?

- On my way. = I am on my way.
  가고 있어. (on one's way 가는 중)
- What's your ETA?
  언제쯤 도착? 예상 도착 시간 (Estimated Time of Arrival)
- 10 minutes.
  10분 정도 걸릴 거야.
- Okay.
  알았어.

+ **How far away are you?** 너 지금 어디쯤이야?
  How long will you be? 얼마나 걸릴 것 같아?

I'll Uber.

우버 불러서 갈게.

Uber는 '우버 택시'를 뜻하는데, 동사로는 '우버 택시를 불러서 타고 가다'라는 뜻이야. 그래서 I'll Uber.라고 하면 우버를 불러서 타고 간다는 뜻이 되지. 우버와 비슷한 서비스가 동남아에서는 '그랩(Grab)'이 있어. 동남아에선 I'll Grab.이라고 말하겠지?

👽 **Are you gonna drive?**
운전해서 가려고?

🙂 **No. I drank too much.**
아니. 나 술 너무 많이 마셨어.

get home 집에 가다

👽 **How are you getting home?**
집에 어떻게 갈 거야?

🙂 **I'll Uber.** = **I'll get an Uber.**
우버 불러서 갈게.

우버 택시(스마트폰 앱을 기반으로 한 승차 공유 서비스), 우버 택시를 불러서 타고 가다

➕ **I called an Uber.** 나 우버 불렀어.
I'll be Ubering home. 나 우버 타고 집에 갈게.
Should we Uber home? 우리 우버 불러서 집에 갈까?

➕ A **Let's get an Uber.** 우버 잡자.
B **I'll grab one.** 내가 잡아 볼게.
택시 등 교통수단을 잡을 때 동사 grab

숙박공유앱인 에어비앤비(Airbnb)를 통해서 예약한 다음 집주인과 만나거나, 통화하거나, 문자를 주고받을 때 할 수 있는 말이야. 그쪽 에어비앤비에 묵을 사람이라는 걸 알리는 말이지. 참고로 에어비앤비 주인은 host라고 해.

I'm your Airbnb guest.
제가 에어비앤비 게스트인데요.

- Hi. Can I help you?
  안녕하세요. 뭘 도와드릴까요?
- Hi. I'm your Airbnb guest.
  안녕하세요. 제가 에어비앤비 게스트인데요.
  = I booked your place on Airbnb.
  제가 여기 에어비앤비를 예약했어요.
- Let me show you to your condo.
  지내실 곳 보여 드릴게요.
  ★ **let me + 동사**
  제가 ~해 줄게요, 내가 ~할게
- Thank you!
  감사합니다!

+ My host was real nice.
  에어비앤비 주인은 사람이 정말 좋더라.

Can I pay by Apple Pay?

애플페이 되나요?

가게에서 값을 지불할 때 애플페이로 계산할 수 있는지 묻는 말이야.
pay by는 '~로 지불하다'라는 뜻인데, **by** 뒤에 체크카드(debit card)나 신용카드(credit card) 같은 지불 수단이 와.
Do you take Apple Pay?(애플페이 받나요?)라고 말할 수도 있어.

- **Can I pay by Apple Pay?** = **Can I use Apple Pay here?**
  애플페이 되나요?   **Do you take Apple Pay?**
- **No, we don't take Apple Pay.**
  아뇨, 저희는 애플페이는 안 받습니다.
- **What do you take?**
  뭘 받으세요?
- **Credit card or cash.**
  신용카드나 현금이요.

credit card 신용카드
cash 현금, 현찰
debit card 체크카드

A **Can I use Apple Pay here?** 여기 애플페이 되나요?
B **Here's my reader.** 리더기 여기 있습니다. (이곳에 갖다 대면 된다는 뜻)

> 요즘은 해외여행 할 때 번역앱을 자주 사용하지. 영어를 못해도 스마트폰이 있으니까 번역앱의 도움을 받아서 의사소통할 수 있는 편리한 세상이야.
> 번역앱도 다양해. 내 주변에는 구글 번역기(Google Translate)를 많이 쓰던데, 또 어떤 번역앱이 있지?

Just use Google Translate.

그냥 구글 번역기 써.

- **I don't speak Spanish very well.**
  난 스페인어 잘 못하는데.
- **Just use Google Translate.**
  그냥 구글 번역기 써.   구글 번역기
- **I don't have the app on my phone.**
  내 폰에는 그 앱이 없어서.   앱, **application**(어플리케이션)의 줄임말
- **Use my phone.**
  내 폰 써.

A **Can you ask him for directions?** 저 사람한테 길 좀 물어볼 수 있어?
B **I'll talk to him with Google Translate.** 구글 번역기로 얘기해 볼게.
　directions 길 안내

40

I texted all of my friends.

친구들한테 전부 문자 돌렸어.

text는 '글, 문서, (책이나 잡지의) 본문'을 뜻하는데, 디지털 세상에서는 '문자를[톡을] 보내다'라는 뜻의 동사로 많이 써. Text me later.라고 하면 "나중에 나한테 문자 보내."라는 뜻이야. 진짜 문자 보내라는 말일 수도 있지만, 만났다가 헤어질 때 인사로 흔하게 하는 말이기도 해.

👽 **Are you coming to the party?**
너 파티 올 거야?

😊 **Yep, I'll be there.**
응, 갈 거야.

👽 **Invite anyone you want.**
원하는 사람은 다 초대해.

😊 **I texted all of my friends.**
친구들한테 전부 문자 돌렸어.

> **text** 문자를 보내다, 글, 문서, 문자 메시지
> **Text me when you're not busy.**
> 바쁘지 않을 때 나한테 문자 좀 보내.

A **I need a break.** 나 좀 쉬고 싶어.
B **What do you mean?** 무슨 말이야?
A **Please do not call or text me for a while.** 당분간 나한테 전화나 문자 하지 마.
B **Are you breaking up with me?** 헤어지자는 거야?

유튜브 검색량이 네이버, 다음, 구글 등 포털사이트 검색량을 뛰어넘었다고 해.
한국인이 가장 오래 사용하는 앱도 유튜브라고 하고.
유튜브를 너무 많이 본다는 걸 아주 간단히 이렇게 말할 수 있어.

I'm on YouTube too much.

나 유튜브를 너무 많이 봐.

- **I'm on YouTube too much.** = **I spend (way) too much time on YouTube.**
  나 유튜브를 너무 많이 봐.

- **Really? How much time do you spend there?**
  정말? 유튜브에 시간을 얼마나 쓰는데?

- **Like three hours a day.**
  하루 3시간 정도.

- **That's insane!**
  정신 나갔구나! 제정신이 아닌, 미친

I watched YouTube all weekend.
주말 내내 유튜브를 봤다니까.

Can you share it?

그거 공유할 수 있어?

> SNS에서 동영상이나 사진 등 파일을 공유한다고 말할 때는 share를 써. share가 '공유하다, 나누다, 함께 쓰다'라는 뜻이니까. '셰어하우스(share house, 공유 주택)'란 말도 들어 봤을 거야. 여러 명이 한 집에 살면서 침실은 따로 사용하고 거실이나 주방, 욕실 등을 공유하는 걸 말하지.

👽 **Can you share it?**
그거 공유할 수 있어?

🌎 **Share what?**
뭘 공유해?

👽 **The video clip you were telling me about.** (짧게 편집한 (동)영상)
네가 말했던 영상.

🌎 **Oh yeah, sure. I'll send it to you.**
아, 당연하지. 너한테 보낼게.   = **Let me send it over.**

➕ **I'll share it through SNS.** SNS 통해서 공유할게.
He shared a funny picture. 걔가 웃긴 사진을 공유했어.
Share it with everyone you know. 네가 아는 모두에게 공유해.

➕ A **I love this place!** 여기 너무 좋다!
B **This café is Insta-worthy.** 이 카페 완전 인스타 각인데.
A **Are you gonna share some pics?** 사진들 공유할 거지?
B **Of course, I am.** 당연하지.

43

'유튜브 채널을 운영하다'라고 영어로 말할 때 동사 run을 써. cooking YouTube channel은 요리하는 방송인 '쿡방'이야. 그렇다면 먹방은? eating show? 이것도 말은 되지. 그런데 엄청난 양의 음식을 먹는 먹방 유튜브는 주로 한국에서 시작해서 중국으로 퍼져 나갔어. 그래서 영어권에서도 Mukbang이라고 불러. 먹방이 한류 외래어가 된 거지.

I run a cooking YouTube channel.

나 쿡방 유튜브 해.

= I do a cooking show on YouTube.

- I run a cooking YouTube channel.
  나 쿡방 유튜브 해.
- Do you have a lot of subscribers?
  구독자 많아?
- I'm almost at 1 million subscribers.
  거의 백만 명 정도야. = I'm close to 1 million subscribers.
- That's a lot!
  엄청나네!

+ I'm trying to boost views on my YouTube channel.
  내 유튜브 방송 조회수를 늘리려고 하는 중이야.
  I'm not getting views on my YouTube channel.
  내 유튜브는 조회수가 안 나와.

  view 조회수

My new YouTube channel blew up!

내 새 유튜브 채널이 떡상했어.

'떡상'이라는 말 들어 봤을 거야. 주식에서는 주가가 폭등하는 걸, 유튜브에서는 구독자 수가 급격하게 오르는 걸 말하지. 영어로는 blow up이라고 해. blow up은 '폭파하다, 터뜨리다, 날려 버리다'라는 뜻이지만, 단기간에 어떤 수치가 급격하게 올라가는 걸 뜻할 때 흔히 써.

My new YouTube channel blew up!
내 새 유튜브 채널이 떡상했어.

blow up
폭파하다, 터뜨리다, (인기가) 폭발하다

What do you mean?
그게 무슨 말이야?

It's super popular!
<small>매우, 굉장한</small>
엄청 인기 있다고!

That's awesome!
그거 잘됐네!

I'm over a million views.
나 백만 뷰를 넘어섰어. (구독자 수가 아니라 조회수)

The video has been viewed over a million times.
그 영상 백만 뷰 돌파했어.

MP3 035

pump는 동사로 '공기나 물을 펌프로 퍼 올리다'라는 뜻이고, 거기에 up이 붙은 pump up은 '(풍선이나 타이어에) 공기를 넣다'라는 뜻이야. '강화하다, 증가시키다'라는 뜻으로도 확장되지.
유튜브 view(조회수)를 pump up한다는 건 조회수를 팍팍 늘리는 걸 말해.

You gotta pump up views on YouTube.

너 유튜브 조회수 팍팍 늘려야 해.

= You have to boost views on YouTube.
You need to increase your views on YouTube.

☆ **have got to, have to** ~해야 하다

👽 You gotta pump up views on YouTube.
너 유튜브 조회수 팍팍 늘려야 해.

☆ **pump up**
증가시키다, 강화하다(= boost)

😀 How do I do that?
어떻게 하면 되는데?

홍보하다
👽 Advertise and share your videos.
영상을 홍보하고 공유해야지.

😀 Can you help me?
나 좀 도와줄 수 있어?

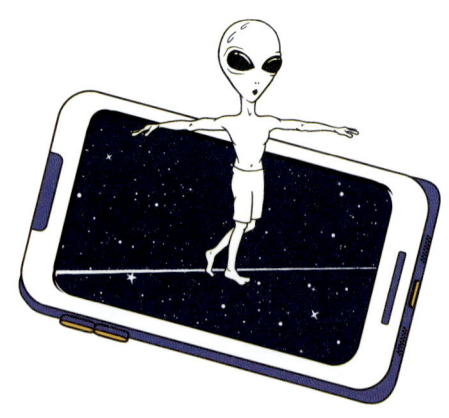

46

I'm so addicted to YouTube Shorts.

난 유튜브 쇼츠 중독 상태야.

알코올중독, 도박중독, 마약중독만이 중독이 아니야. 유튜브도 중독이 돼. 온종일 스마트폰을 손에서 놓지 못하고 유튜브에서 눈을 못 떼는 사람들도 중독이야. 특히 유튜브 영상 중에서도 쇼츠(shorts)만 보는 사람들이 있지.
사실 나도 쇼츠만 보긴 하는데….

- **Have you watched any YouTube Shorts?**
  너 유튜브 쇼츠 본 적 있어?

- **No, have you?**
  아니, 넌?

  ✨ **be addicted to ~** ~에 중독되다

- **I'm so addicted to YouTube Shorts.**
  난 유튜브 쇼츠 중독 상태야.

- **I'll have to check it out.**
  나도 한번 봐야겠네.

=
I watch YouTube Shorts all the time.
난 계속 유튜브 쇼츠를 봐.

I'm obsessed with YouTube Shorts.
난 유튜브 쇼츠에 푹 빠져 있어.

I only watch YouTube Shorts.
난 유튜브 쇼츠만 본다니까.

Ⓐ How do you get an Uber? 우버는 어떻게 불러?
Ⓑ **Use the app.** 앱을 사용해.
Ⓐ **I'll download it.** 다운받을게.
Ⓑ It's really easy. 정말 쉬워.

- Just try the app. 앱으로 해 봐.
- Download the app. 앱 다운로드해.

Ⓐ **How's your YouTube channel doing?** 네 유튜브 채널 어때?
Ⓑ Great! 잘돼 가!
Ⓐ **Do you have a lot of views?** 조회수도 많고?
Ⓑ It's gotten over a million views. 백만 조회수를 돌파했지.

- How's ~ doing? ~ 어때?, ~ 잘돼 가?

Ⓐ Where have you been? 너 어디 있었어?
Ⓑ **Editing videos.** 영상 편집했어.
Ⓐ You've been editing all day? 영상 편집을 하루 종일 했어?
Ⓑ YouTube video editing takes so long. 유튜브 영상 편집 시간 진짜 오래 걸려.

- edit 편집하다

Ⓐ **I'm trying to gain followers.** 팔로워들을 모으려고 노력하고 있어.
Ⓑ Are you doing well? 잘하고 있는 거지?
Ⓐ I'm doing okay. 그럭저럭 하고 있어.
Ⓑ Don't give up. 포기하지 말고.

- gain 노력해서 얻다

Ⓐ I need to replace my faucet. 나 수도꼭지 갈아야 하는데.
Ⓑ That's not too hard. 그거 별로 어렵지 않아.
Ⓐ Do you think I can find a video tutorial? 설명 영상 찾을 수 있을까?
Ⓑ **There's nothing you can't find on YouTube.** 유튜브에는 없는 게 없다니까.

- replace 교체하다 faucet 수도꼭지 tutorial 설명 프로그램, 설명서

Ⓐ **Did you watch his video clip?** 너 그 사람 영상 봤어?
Ⓑ No, I couldn't find it. 아니, 찾을 수가 없었어.
Ⓐ Let me send it over. 내가 보내 줄게.
Ⓑ Thank you! 고마워!

- send ~ over ~를 보내다

+PLUS

Ⓐ What's that? 그건 뭐야?
Ⓑ It's a makeup tutorial. 메이크업 강좌.
Ⓐ **Is that live?** 라이브지?
Ⓑ Yeah, she's live. 응, 라방 중이야.

- live 생방송의(↔recorded 녹화 방송의)

Ⓐ **Your video clip is going viral!** 네 유튜브 영상 입소문 탔더라!
Ⓑ What do you mean? 무슨 소리야?
Ⓐ It has so many views! Over a million. 조회수 장난 아니던데! 백만 뷰 넘었더라.
Ⓑ How many views? 조회수가 얼마라고?

- go viral 입소문으로 급속도로 확산되다 (viral marketing 바이럴 마케팅, 입소문 마케팅)

Ⓐ What are you watching? 뭐 보고 있어?
Ⓑ A video clip about gardening. 정원 가꾸기 영상.
Ⓐ YouTube has gardening videos? 유튜브에 정원 가꾸는 영상도 있어?
Ⓑ **YouTube has a wide variety of content.**
유튜브에는 정말 다양한 콘텐츠가 있다니까.

- gardening 정원 가꾸기　variety 여러 가지, 다양성
- YouTube has a wide variety of content.를 좀 더 간단히 말하면 YouTube has a ton of variety. (a ton of 엄청나게 많은)

Our meeting is on Zoom.

우리 회의는 줌에서 합니다.

회의를 줌으로 한다는 뜻이야. 줌(Zoom)은 다들 알겠지만 온라인 원격 화상 회의 및 채팅 플랫폼이야. 코로나로 사람들이 잘 만날 수 없는 환경에서 수혜를 톡톡히 입은 서비스지. 그 전엔 큰 활약을 하지 못했는데 말이야.
Zoom 앞에 전치사 on을 쓰는 걸 기억해.

- **Our meeting is on Zoom.**
  우리 회의는 줌에서 합니다.

- **Is it a video chat?**
  화상 채팅이죠?

- **I assume so.** — 추정하다, 사실이라고 생각하다
  그렇다고 생각합니다.

- **I'll make sure I'm ready.**
  준비하겠습니다. — 확실히 ~하도록 하다

The meeting got switched to a Zoom call. 회의가 줌으로 전환되었습니다.
get switched to ~로 바뀌다[전환되다]

Is it a conference call? 전화 회의예요?
3인 이상이 전화로 하는 회의를 conference call이라고 함

줌(Zoom)이나 구글 밋(Google Meet)으로 화상 회의를 할 때 컴퓨터에는 카메라가 장착되어 있어야 하고, 보통은 카메라가 켜져 있어야 해. 그런데 급하게 접속하다 보면 카메라를 on해야 하는 걸 깜빡하는 경우도 있어. on은 기기가 작동하는 상태를 나타내지. 카메라의 경우, 켜 있는 상태인 거야.

Your camera is on.

그쪽 카메라가 켜 있어요.

- **Can you see me?**
  저 보이세요?

- **Yes, we can.** = **Yes, we can see you.**
  예, 보입니다.   그쪽 잘 보여요.

- **Are you sure?**
  확실해요?   정말이에요?

- **Your camera is on.**
  그쪽 카메라가 켜 있어요.

Turn your camera on. 카메라 켜세요.
turn on (전기 제품을) 켜다
I don't think your camera is on. 네 카메라 안 켜진 것 같은데.

The camera loves me.

내가 사진을 잘 받거든.

카메라가 나를 사랑한다고? 이게 무슨 뜻일까? I am photogenic. 사진을 잘 받는다는 뜻이야. 친구에게 "너 사진 진짜 잘 받는다."라고 하려면 The camera loves you.라고 하면 되겠지?

- **This picture of you is amazing.**
  너 이 사진 정말 잘 나왔다.
- **You're so kind.**
  고맙네.
- **I'm being serious.** (농담이 아닌, 진지한)
  진짜야.
- **The camera loves me.**
  내가 사진을 잘 받거든.
   **I'm photogenic.**
  (photogenic 사진이 잘 받는)

> 화상 미팅이나 채팅을 할 때 누군가가 한동안 말이 없는 경우,
> 그 사람이 계속 접속해 있는 건지, 아니면 방을 나간 건지 궁금할 수 있지?
> 그 사람이 미팅방이나 채팅방에 아직 접속해 있다면
> He's still on.이라고 말할 수 있어.

He's still on.
아직 접속 중이에요.

- 👽 ~에게 질문이 있다
  I have a question for you, John.
  존, 물어볼 게 있는데요.
- 😊 I think he left the meeting.
  존은 미팅방을 나간 것 같은데요.
- 👽 He's still on.
  아직 접속 중이에요.
- 😊 묵음 상태
  Maybe he's on mute.
  소리를 안 나오게 해 놓은 것 같네요.

> **He's still with us.** 그 사람 아직 채팅방에 있어요.
> **He left the meeting.** 그 사람은 미팅방에서 나갔어요.

You seem to be frozen. 네 컴 화면이 멈춘 것 같은데.

시스템 오류로 컴퓨터 화면이 갑자기 멈춘 경험, 다들 한 번씩 있잖아? 그런 상태를 frozen이라고 해. frozen의 원형 freeze는 '얼다, 얼어붙다, 굳어지다'라는 뜻인데, 컴퓨터 화면이 멈춰 버린 경우에도 쓰는 거지. You seem to be frozen.은 네가, 그러니까 네 컴퓨터 화면이 멈춘 것 같다는 뜻이 되는 거야.

👽 **Jessica, are you still there?**
제시카, 아직 있어?

🔵 **Yes. Can you hear me?**
그럼. 내 목소리 들려?

👽 **You seem to be frozen.**
네 컴 화면이 멈춘 것 같은데.
⭐ **seem to** ~인 것처럼 보이다, ~인 것 같다

🔵 **Let me turn off the camera.**
내가 카메라를 꺼 볼게. 끄다(↔turn on)

A **Your screen is frozen.** 네 컴퓨터 화면 멈췄어.
B **That's so weird!** 그것 참 이상하네!
갑자기 컴퓨터 화면이 멈추는 기이한 상황에 어울리는 형용사 weird

인터넷 연결 상태가 좋지 않은 것을 영어로는 a weak Internet connection 이라고 해. 연결이 약하다는 거지. 사람을 주어로 하고 동사는 have를 쓰면 돼. 반대로 인터넷 연결이 짱짱할 때는 어떤 형용사를 쓸까? weak의 반대니까 strong을 쓰면 되지!

I seem to have a weak Internet connection.

내 인터넷 연결 상태가 안 좋은 것 같아.

Jake, are you there?
제이크, 거기 있어?

Yes. Can you hear me?
응. 내 말 들려?

go in and out
보였다 안 보였다[들렸다 안 들렸다] 하다

You keep going in and out.
네가 계속 보였다 안 보였다, 들렸다 안 들렸다 해.

연결
I seem to have a weak Internet connection.
내 인터넷 연결 상태가 안 좋은 것 같아.

= bad, poor

인터넷 속도가 느리거나 연결이 안 좋을 때 하는 말
I have a weak[bad, poor] Internet connection.
I don't have a good Internet connection.
I don't have good Internet at home.

Please be patient if I disconnect.

제가 끊기면 좀 기다려 줘요.

화상 회의나 온라인 채팅을 할 때 인터넷 연결이 불안정하면 소리가 끊기거나 영상이 멈출 수 있잖아. 이런 상황을 대비해서 미리 양해를 구하는 게 좋겠지? 이 말은 인터넷 문제로 연결이 끊기더라도 인내심을 갖고 조금만 기다려 달라는 의미야.

👽 **Hey, just a heads-up! Please be patient if I disconnect.**
- 알림, 경고
- 인내심을 가지다
- disconnect (인터넷, 전기 등의) 연결이 끊기다

저기, 미리 말해 둘게요. 제가 끊기면 좀 기다려 줘요.

😊 **No problem. I'll wait if that happens.**

물론이죠. 그렇게 되면 기다리죠.

👽 **Thanks. My Internet isn't very stable today.**
- 안정적인, 변동이 없는

고마워요. 오늘 인터넷이 좀 불안정하네요.

😊 **Got it! Let's hope it works fine.**

알겠어요. 괜찮길 바랍시다.

I apologize if I disconnect.
죄송하지만, 제가 중간에 연결이 끊길 수도 있습니다.

I'm sorry if I lose connection.
= **I'm sorry if my connection drops.**
미안한데, 인터넷이 끊길 수도 있어.

> 화상 미팅 중에 상대방의 오디오가 갑자기 끊길 때 이렇게 말할 수 있어.
> cut out에는 '(기계가) 갑자기 작동이 멈추다'라는 뜻이 있어서
> 영상 기기에서 나오는 소리가 갑자기 끊길 때도 쓸 수 있어.
> 보통 인터넷 연결이 안 좋을 때(bad connection) 이런 일이 일어나지.

Your audio seems to be cutting out.

그쪽 오디오가 끊기는 것 같아요.

What was that? 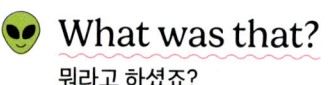 **What did you say?**
뭐라고 하셨죠? **Excuse me?**
Pardon me?
(대화 중에) 뭐라고 하셨죠?,
다시 한 번 말해 주실래요?

Can you hear me?
제 말 들리세요?

Your audio seems to be cutting out.
그쪽 오디오가 끊기는 것 같아요.

Sorry. I have a bad connection.
죄송해요. 연결 상태가 안 좋네요.

= **a weak connection, a poor connection**
인터넷 연결이 안 좋음

You keep breaking up. 너 소리가[화면이] 계속 끊긴다.
Hang on. There's a problem. 잠시만요, 문제가 좀 있습니다.

There's too much noise.

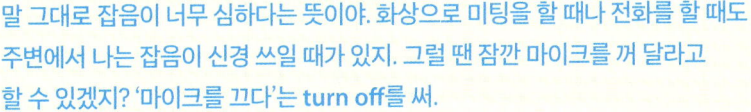

소음이 너무 심해요.

> 말 그대로 잡음이 너무 심하다는 뜻이야. 화상으로 미팅을 할 때나 전화를 할 때도 주변에서 나는 잡음이 신경 쓰일 때가 있지. 그럴 땐 잠깐 마이크를 꺼 달라고 할 수 있겠지? '마이크를 끄다'는 turn off를 써.
> **Turn off your microphone, please.**

★ **have a hard time 동사-ing**
~하는 게 잘 안 되다, ~하느라 애먹다

- **I'm having a hard time hearing.**
  소리가 잘 안 들리네요.

- **Is it a poor connection?**
  연결이 안 좋은 걸까요?

- **There's too much noise.** = **There's a lot of noise.**
  소음이 너무 심해요.

- **I'll switch to mute.**   ~로 바꾸다, 전환하다
  묵음으로 바꿀게요.   묵음, 음소거 상태

+ It's pretty noisy. 너무 시끄럽네요.
We're having a hard time hearing you. 당신 소리가 잘 안 들리네요.

휴대전화의 통화나 인터넷의 영상이 끊기는 것을 나타내는 말이 **break up**이야. 상대방의 말소리가 자꾸 들렸다가 끊겼다가 하거나 화면이 보였다가 안 보였다가 하면 이렇게 말할 수 있지. 그럴 땐 인터넷 설정을 좀 확인해 볼 수 있겠냐고 말할 수 있겠지? **Could you please check your Internet settings?**라고 하면 돼.

You keep breaking up.

자꾸 끊기는데요.

Ashley, you keep breaking up.
애슐리, 자꾸 끊기는데요.

break up
(휴대전화의) 통화가 끊기다, (인터넷의) 영상이 끊기다

I don't know why.
저도 왜 그런지 모르겠어요.

Could you please check your Internet settings?
인터넷 설정 좀 체크해 볼래요?

설정, 환경

Yeah. Hold on.
네. 잠시만요.

Please check your Internet connection.
인터넷 연결 좀 확인해 보세요.

I think there's a problem with your connection.
너희 인터넷 연결에 문제가 있는 것 같아.

My computer is acting up again.

내 컴퓨터가 또 말썽이야.

기계나 사람이 말을 안 듣는다고 할 때 act up이라고 해.
물건은 제 기능을 못 하는 거고 사람은 버릇없이 구는 걸 뜻하지.
그럴 때 사람은 고쳐 쓰기 힘들지만 기계는 고쳐 쓸 수 있겠지?
그래도 컴퓨터가 자꾸 act up하면 바꿀 때가 된 건데!?

- Where's your laptop? (노트북 컴퓨터)
  너 노트북 어쨌어?
- I dropped it off at the service center.
  서비스 맡겼어. **drop ~ off** ~를 맡기다
- What's wrong with it?
  무슨 문제라도 있어?
- My computer is acting up again.
  또 말썽을 부려서.

act up (물건이) 말을 안 듣다, 제 기능을 못하다, (사람이) 말을 안 듣다, 버릇없이 굴다

A **My computer's freezing again. I think it has a virus.**
내 컴퓨터가 또 멈췄어. 바이러스를 먹은 것 같아.

B **Maybe it's time for an upgrade.**
컴퓨터를 업그레이드해야 할 때 같네.

+PLUS

Ⓐ **Are you on the call, Jay?** 제이, 지금 들어와 있어요?
Ⓑ Yes, I'm here. 네, 저 있어요.
Ⓐ **Turn your camera on.** 카메라 좀 켜 주세요.
Ⓑ Sorry about that! **I didn't realize it was off.** 미안해요! 꺼져 있는지 몰랐어요.
Ⓐ We see you now. 이제 보이네요.

- be on the call 전화 중이다, 화상 통화 중이다
- realize 깨닫다, 알아차리다   off 전원이 꺼진 상태(↔on)

Ⓐ **I'm hearing a lot of background noise.** 뒤에 잡음이 심하네요.
Ⓑ Sorry about that. 미안합니다.
Ⓐ **Turn off your microphone.** 마이크 좀 꺼 주세요.
Ⓑ I'm muting it now. 지금 묵음으로 할게요.

- background noise 뒤에서 들리는 소음[잡음]
- Please mute your microphone. 마이크 좀 꺼 주세요.

Ⓐ This place looks fun. 여기 재밌어 보인다.
Ⓑ I don't think we can try it out. 여기 우린 안 될 것 같은데.
Ⓐ Why do you say that? 왜?
Ⓑ **It's private.** 비공개야.

- try it out 시도해 보다
- 비공개 채팅방에서 It's private. = It's members only. 회원 전용이야.

CHAPTER 2
MBTI 스몰토크 & 썸 타기

MBTI로 시작하는 자기소개와 스몰토크,
나아가 상대와의 궁합을 이야기하고
자연스럽게 이어지는 요즘 썸 타기

요즘 우리나라에서는 MBTI가 대유행이지. MBTI는 Myers-Briggs Type Indicator(마이어스-브릭스 유형 지표)의 줄임말이야. 딸(마이어스)과 엄마(브릭스)가 함께 만든 성격 검사의 일종이야. MBTI가 맹신할 건 아니지만 재미있는 화제 정도는 될 수 있지.

What is your MBTI type?
너 MBTI가 뭐야?

What is your MBTI type?
너 MBTI가 뭐야?

= **What (MBTI) type are you?**
(MBTI 얘기임을 알 수 있는 상황에서는 MBTI를 빼고 type으로만 말해도 됨)

I'm ENTJ. You?
난 ENTJ. 넌?

I'm an ENTJ, too!
나도 ENTJ인데!

Wow! No wonder we get along so well!
와! 어쩐지 우리가 아주 잘 맞는다 했어!

get along well
마음이 잘 맞다, 사이가 좋다

Did you take the MBTI test? 너 MBTI 테스트 해 봤어?
How many MBTI types are there? MBTI 유형은 몇 개가 있어?

I guess my MBTI is ENTP.

내 MBTI는 ENTP 같아.

요즘은 자기소개를 할 때 자기 MBTI를 말하더라고. 이럴 때는 앞에 I guess나 I think를 붙이면 좋아. 말할 타이밍을 조절할 수 있고, 생각할 시간을 벌 수 있기 때문이지. 네이티브가 말하는 걸 잘 들어 보면 I guess를 굉장히 많이 쓰는 걸 알 수 있어.

- **I'm an INFP.**
  난 INFP야.
- **I guess my MBTI is ENTP.** = **I think I might be an ENTP.**
  내 MBTI는 ENTP 같아.
- **We have some stuff in common.**
  우린 공통점이 좀 있네.
  ✦ have ~ in common
  ~를 공통으로 가지고 있다
- **Just a few.**
  조금 있지.

A **I just took the test.** 나 방금 (MBTI) 테스트했어.
B **What did the test say?** 결과가 어때?
A **My type is ESTP.** 내 유형은 ESTP야.

> relate to에는 '~에 공감하다'라는 뜻이 있어. 그러니까 이 말은 자기 MBTI 유형에 완전히 공감한다는 뜻이야. 나는 인간관계나 스트레스 상황에서의 내 모습이 내 MBTI 설명과 똑같아서 특히 공감했어.
> MBTI 덕분에 나를 더 잘 알게 되고 다른 사람들의 성향도 존중하게 된 것 같아. 100% 정확하진 않아도 꽤 신뢰할 만한 기준이라는 생각이 들어.

I totally relate to my MBTI type.

내 MBTI랑 나랑 너무 잘 맞아.

🩵 Why do you always plan everything ahead?
너는 왜 항상 미리 계획을 다 세워?

plan ahead 미리 계획을 세우다

🐻 I totally relate to my MBTI type. I'm a planner!
~와 관련되다, ~에 공감하다 / 계획을 세우는 사람
내 MBTI랑 나랑 너무 잘 맞아. 난 완전 계획형이거든!

🩵 That makes sense! I'm the same way.
그럴 만하네! 나도 그래. 나랑 같네.

🐻 No wonder we get along.
어쩐지 우리가 잘 맞는다 했다.

It's just my MBTI in action! 그냥 내 MBTI가 그대로 드러나는 거야!
My MBTI type explains everything! 내 MBTI가 모든 걸 설명해!
Blame my MBTI for that! 그건 내 MBTI 탓이야!

My polar opposite MBTI is ENTP.

나랑 정반대인 MBTI가 ENTP인데.

polar에는 '북극의, 남극의'라는 뜻에서 나아가 '극과 극의, 정반대되는'이라는 뜻이 있어. 그리고 opposite은 '(정)반대의'라는 뜻이야. 그러니 polar opposite은 '완전히 반대인, 정반대인'이라는 조금은 과장된 뜻이지.
그런데, ENTP의 정반대 MBTI는 뭐지?

What type are you?
넌 (MBTI) 유형이 뭐야?

I'm an ENTP.
나 ENTP.

극과 극으로 정반대되는

My polar opposite MBTI is ENTP.
나랑 정반대인 MBTI가 ENTP인데.

= **ENTP is a complete opposite of me.**
ENTP는 나랑 완전히 정반대의 성격이야.
(여기서 opposite은 '반대(되는 것)'이라는 뜻의 명사)

You're an ISFJ?
너 ISFJ야?

나를 오랫동안 봐 온 친구가 "넌 찐 INFP야."라고 말했어. 내 생각에 난 INFP가 아니거든? INFP는 반 고흐나 피카소 같은 예술가 성향이 강한 MBTI 유형이라는 말이 있어. INFP가 사랑을 할 때는 섬세하고 마음이 약하며, 부드럽고 천천히 사랑하는 걸 원한다고 해. INFP인 친구들, 정말 그래? 나는 아니거든!

You are really an INFP.
넌 찐 INFP야.

- **It says I'm an ENFJ.**
  테스트 결과가 난 ENFJ라고 하네.

- **I disagree.** 동의하지 않다(↔agree)
  동의 못 해.

- **What would you say I am?**
  내가 뭐라고 생각하는데?

- **You are really an INFP.** = You're so INFP.
  넌 찐 INFP야.

> **I see you as more of an INFP.** 내가 보기에 넌 INFP에 더 가까운 것 같은데.
> more of ~에 더 가까운
>
> **You're way more INFP.** 넌 INFP에 훨씬 더 가까워.
> way more 훨씬 더

I guess the MBTI isn't accurate.

MBTI는 정확하지 않은 것 같아.

사실 MBTI는 재미로 하는 거지 맹신하면 안 된다고 해.
MBTI에 전적으로 의지하면서 인간관계를 하는 건 바람직하지 않다는 거지.
MBTI 테스트를 해 볼 때마다 조금씩 다른 결과가 나오기도 해서
내 주변에는 MBTI는 정확하지 않은 것 같다고 말하는 친구들이 많아.

It says I'm an ENFJ.
내 MBTI가 ENFJ라고 하네.

You're not organized!
(사람이) 체계적인, (무언가가) 정돈된
넌 체계적이지 않잖아!

I don't think I am, either.
나도 그렇게 생각해.

I guess the MBTI isn't accurate.
정확한
MBTI는 정확하지 않은 것 같아.
= The MBTI doesn't seem accurate.

It's a different type each time I take it.
테스트할 때마다 다른 유형이 나와.

I keep getting different results.
나는 계속 다른 결과가 나와.

MP3 056

> multiple은 '다수의, 다양한, 복합적인'이라는 뜻이야.
> 흔히 '멀티가 된다, 멀티가 안 된다'라는 말을 하지? multi-라는 단어가
> '복수, 다수의'라는 뜻을 나타내는데, multiple도 그 친척 단어야.
> 그나저나, 한 사람이 여러 개의 MBTI를 가질 수 있다고 생각해?

Can one person have multiple MBTI?

한 사람이 여러 가지 MBTI를 가질 수 있나?

다수의, 다양한, 복합적인

🩵 **Can one person have multiple MBTI?**
한 사람이 여러 가지 MBTI를 가질 수 있나?

🐻 **I think so.**
그런 것 같은데.
= Is it possible to have multiple MBTI?

꽤, 상당히, 매우
🩵 **I'm pretty sure I have two.**
나는 두 유형을 가진 게 틀림없어.
= **I think I'm a combination of two.**
(combination 결합, 조합물)

🐻 **Which ones?**
어떤 유형들?
= **Which types?**

I think I'm a mix of two types.
(mix 혼합체, 섞인 것)

A **What's your MBTI type?** 너 MBTI가 뭐야?
B **Is it possible to have a mix of two types?** 두 유형이 섞인 것도 가능한가?
A **I'm not sure.** 잘 모르겠는데.
B **I think I'm a little ENTP and ESFJ.** 난 ENTP랑 ESFJ가 조금 섞여 있는 것 같아.

We have the same MBTI.

우리 MBTI가 같네.

MBTI 이야기를 하다가 같은 유형이란 걸 알게 되면 이산가족이 상봉한 듯 반가워하며 갑자기 친근감을 느끼고, 정반대 유형인 걸 알게 되면 거리를 두려고도 하지. 참 재미있는 현상이야. We have the same MBTI[personality] type.이라고 할 수도 있고, 간단하게 We're the same type.이라고 해도 돼.

💙 **What's your MBTI type?**
너 MBTI 유형이 뭐야?

🐻 **I'm an INTJ.**
난 INTJ.

💙 **We have the same MBTI.** = **We're the same type.**
우리 MBTI가 같네.

🐻 **No way! That explains a lot.**
헐! 그래서 우리가 비슷한 거였구나.

↳ 말도 안 된다는 뜻

🌟 **That explains a lot.**
그래서 그랬구나, 이제야 설명이 되네.

➕ **We have the same personality type.**
우리 성격 유형이 같네.

ⓐ **What are the four categories of MBTI?** MBTI의 네 개 카테고리가 어떻게 돼?
ⓑ E or I, S or N, T or F, and J or P. E 아니면 I, S 아니면 N, T 아니면 F, 그리고 J 아니면 P.
ⓐ **What do those mean?** 다 무슨 의미인데?
ⓑ Extroversion or Introversion, Sensing or Intuition, Thinking or Feeling, and Judging or Perceiving.
외향형이냐 내향형이냐, 감각형이냐 직관형이냐, 사고형이냐 감정형이냐, 판단형이냐 인식형이냐.

- sense 감각으로 분별하다   intuition 직관, 직감   perceive 인식하다

ⓐ **Is INFP rare?** INFP가 드문가?
ⓑ I don't think so. 그런 것 같지는 않은데.
ⓐ **What was your type?** 너는 무슨 유형 나왔어?
ⓑ I'm ISFJ. 난 ISFJ.

- rare 드문, 진귀한
- What type is rare? 어떤 유형이 드물지?
- Which type is the rarest? 가장 드문 (MBTI) 유형은 뭘까?

ⓐ **I'm an ESTP.** 난 ESTP야.
ⓑ I don't know what my type is. 나는 내 유형이 뭔지 몰라.
ⓐ **Did you take the test?** 테스트는 해 봤어?
ⓑ I get a different result every time I take it! 테스트할 때마다 결과가 다르게 나와!

- take a test 테스트[검사]를 하다[받다]
- get a result 결과가 나오다

I'm pretty easy-going.

난 좀 너그러워서 말야.

easy-going은 성격이 느긋하고 여유 있고 너그러운 사람을 묘사할 때 써. She is easy-going. He is an easy-going person.처럼 쓸 수 있지. 비슷한 단어로 laid-back, relaxed가 있는데, laid-back은 구어, 때로 속어로 볼 수도 있으니 편한 대화에서 쓰는 게 좋아.

💙 **I'm sorry I said that.**
그런 말 해서 미안.

🐻 **It's not a big deal.** (심각하고 큰일)
별것도 아닌데 뭐.

💙 **You're not upset?** (속상한, 마음이 상한)
화 안 났어?

🐻 **I'm pretty easy-going.** = **I'm pretty laid-back.** / **I'm pretty relaxed.**
난 좀 너그러워서 말야.

✨ **easy-going**
(성격이) 느긋한, 여유 있는, 너그러운, 태평스러운
(=laid-back, relaxed)

MP3 **060**

사회성이 강한 사람을 영어로는 **a sociable person**이라고 해. 사람들하고 어울리기 좋아하고 사교적이고 붙임성 있는 사람을 가리키지. 그 외에 사람을 묘사하는 다양한 표현이 있어.
an introverted person은 내성적인 사람, **an optimistic person**은 낙관적인 사람, **a pessimistic person**은 비관적인 사람, 등등.

He's a very sociable person.

아주 사교적인 분이셔.

- **Your dad talks to everyone.**
  너희 아버지는 모든 사람이랑 얘길 하시는 것 같아.

- **He knows a lot of people.**
  많은 사람을 알고 지내시거든.

- **He's easy to talk to.**
  말씀 나누기에 편한 분이시기도 하고.
  ★ **easy to** 동사원형
  ~하기가 쉬운[편한]

- **He's a very <u>sociable</u> person.**
  아주 사교적인 분이셔. 사람들과 어울리기 좋아하는, 붙임성 있는

 He's outgoing. 그는 외향적[사교적]이야.
outgoing 외향적인, 사교적인

She always has a friendly smile on her face. 늘 얼굴에 상냥한 미소를 띠고 있어.

경기 침체, 금리 인상, 코로나 재확산, 해외의 전쟁 소식…
이런 사회 분위기 속에서 늘 만면에 미소를 짓고 있는 사람을 친구로 두고 있다면
그 자체만으로도 행복한 일일 거야. 우리 스스로 그런 사람이 되도록
노력하는 것도 행복해지는 일일 것이고!

🩵 **I think Mary is awesome.**
메리는 참 멋진 사람 같아.

🐻 **What's so great about her?**
어떤 점이 그렇게 대단한데?   상냥한, 다정한, 친절한

🩵 **She always has a friendly smile on her face.**
늘 얼굴에 상냥한 미소를 띠고 있어.

🐻 **She's a really nice person.**
정말 좋은 사람이긴 하지.

➕ **She's always welcoming.** 그녀는 항상 반갑게 맞아 줘.
She always makes me feel welcome. 그녀는 늘 환영받는 느낌을 받게 해.
welcoming은 '반갑게 맞이하는', **welcome**은 '환영받는, 반가운'

여자들에게 남자를 만날 때 어떤 점이 가장 중요한지 설문 조사를 해 보니, 키가 큰 남자, 대머리가 아닌 남자 다음으로 목소리가 좋은 남자가 좋은 반응을 얻었다고 해. 그래서 솔직히 말하면(to be honest with you) 나는 웬만하면 전화만 해. 나는 목소리가 좋거든. 목소리에 관한 또 하나의 사실. 우리 몸에서 목소리가 가장 늦게 늙는다는 것!

He has a really nice voice.

걔 목소리 진짜 좋더라.

- **Have you heard Tom sing?**
  톰이 노래하는 거 들어 봤어?

- **Yeah! He has a really nice voice.**
  응! 걔 목소리 진짜 좋더라.

- **I know, right? It's so soothing.** 마음을 달래 주는
  그치? 완전 듣기 좋아. (soothing music 힐링 음악)

- **I could listen to him all day.**
  하루 종일 들어도 안 질릴 것 같아.

I love listening to him. 나는 그 사람 목소리 듣는 게 정말 좋아.
He's a good singer. 그 사람 노래 잘해.

He's so stylish.

걔는 스타일이 진짜 좋아.

옷차림이나 전체적인 분위기가 세련되고 멋질 때 이렇게 말하지.
보통 패션 감각이 뛰어나거나 트렌디한 사람을 칭찬할 때 많이 사용해.
한편, '스타일이 구리다'란 말이 있지? **look sloppy**라고 해.
sloppy는 '(복장이) 너절한, 후줄근한'이라는 뜻이야.

💙 He's so stylish.
걔는 스타일이 진짜 좋아.
= He has great style.
He is so fashionable.

🐻 He always looks so nice.
항상 맵시가 좋지.

💙 I wish I dressed like him.
나도 걔처럼 옷을 입을 수 있으면 좋겠어.

⭐ **I wish** 주어+과거 시제
~하면 좋겠는데 (지금 그렇지 못하지만 그러면 좋겠다는 소망이 담긴 표현)

🐻 Me, too!
나도!

➕ **I love her outfit!** 나는 쟤 옷차림이 맘에 들어!
outfit 머리부터 발끝까지의 차림새

미드에 진짜 많이 나오는 단어가 gorgeous야. 우리말로는 '대단히 멋진[아름다운]'이라는 뜻이고, 영어로는 strikingly beautiful, very attractive라는 의미지. 오늘 애인을 만나면 You are really gorgeous.라고 해 보는 건 어떨까? gorgeous는 사람에만 쓰는 건 아냐. 전망이 멋지면 gorgeous view, 건물이 아름다우면 gorgeous building이라고 해.

She's really gorgeous.
진짜 예쁘더라.

- **Did you see the new girl in class?**
  새로 전학 온 여자애 봤어?
- **The one with the long hair?**
  긴 머리 그 애?
- **Yeah, that's her.**
  응, 맞아.
- **She's really gorgeous.**
  진짜 예쁘더라.

  = She's stunning. 그녀는 눈부시게 아름다워.
  stunning 굉장히 아름다운[멋진]

gorgeous

He's got good taste.

그 사람 안목이 좋지.

taste라고 하면 맛이나 미각만을 생각하기 쉬운데, 상황에 따라서는 '감각, 안목, 취향'이라는 뜻으로도 쓰여. He's got good taste. 또는 He has good taste.라고 하면 그 사람 안목 있다, 감각 있다, 취향이 괜찮다는 의미지.

What do you think of his choice?
그 사람 선택이 어떤 것 같아?

He's got good taste. = **He has good taste.** (has = has got)
그 사람 안목이 좋지.
감각, 안목, 취향, 맛, 미각

I disagree.
난 동의하지 않아.

Agree to disagree!
각자 취향 존중!   서로의 의견 차이를 인정하자는 관용 표현

+PLUS

Ⓐ **How do I look?** 나 어때?
Ⓑ **You look gorgeous!** 진짜 예뻐!
Ⓐ **Are you serious?** 정말?
Ⓑ **I swear.** 맹세해.

- Are you serious?는 상대방의 진심을 확인하는 말
- swear (자기 말이 진심임을) 맹세하다

Ⓐ **Nice clothes!** 옷 멋지다!
Ⓑ **Thank you!** 고마워!
Ⓐ **I love that color.** 그 색 예뻐.
Ⓑ **It's my favorite.** 내가 제일 좋아하는 색이야.

- 엘리베이터에서 누군가 만나면 벽이나 버튼만 쳐다보지 말고 미소 지으며 Nice clothes!나 Nice tie!라고 인사하면 서로 기분 좋겠지?

Ⓐ **Who's that guy over there?** 저기 저 녀석은 누구지?
Ⓑ **I think his name is Jay.** 제이라고 했던 것 같아.
Ⓐ **Never seen him before.** 처음 보는 얼굴인데.
Ⓑ **I love his style.** 쟤 스타일이 좋네.

Don't I know you from somewhere?

우리 어디서 봤죠?

> 어디선가 본 듯한 사람에게 하는 말이야. 이렇게 말하고 나서 You look familiar. 또는 I thought you looked very familiar. 라고 덧붙일 수 있어. 낯이 익다는 말이지. 이런 말을 자연스럽게 연결해야 영어 실력이 팍팍 올라가는 거야!

☆ **stare at** ~를 (빤히) 쳐다보다

💙 **Why are you staring at me?**
왜 빤히 쳐다보세요?

🐻 **Don't I know you from somewhere?**
우리 어디서 봤죠?

= **Have we met before?**
우리 전에 만난 적 있나요?
(역시 많이 쓰는 말)

💙 **I don't think so.**
아닌 것 같은데요.

🐻 **Are you sure?**
정말요?

➕ A **Haven't we met before?** 우리 전에 만나지 않았나요?
　 B **Do I know you?** 혹시 저를 아세요?
　　 Do you know me?라고 하지 않는 데에 유의

> 누군가를 소개받았을 때 실제로는 그렇지 않더라도 이렇게 말하면 사회성 좋다는 말 좀 들을 거야. 우리말로도 흔히 이렇게 말하잖아. "말씀 많이 들었습니다."
> 이 말을 하고 Mostly good things.(대부분 좋은 얘기들요.)라고 덧붙여도 좋겠지?

I've heard so much about you.

말씀 많이 들었습니다.

- **Have you two been introduced?** (introduce 소개하다)
  두 분 서로 소개받았어요?

- **Not yet.**
  아직요.

- **Gary, this is Patty.**
  게리, 이쪽은 패티예요.

- **I've heard so much about you.**
  말씀 많이 들었습니다.

  🌟 여기에 Patty는 I'm excited to finally meet you.
  '드디어 만나서 기쁘네요.'라고 대답하겠지?

Jason is the guy I was telling you about. 제이슨이 내가 전에 말했던 사람이야.
소개팅에서 주선자의 단골 멘트
I mentioned Jason to you. 너한테 제이슨 얘기했었지.
　mention 말하다, 언급하다

A **It's nice to finally meet you.** 드디어 만나니 반갑네요.
finally의 위치에 유의. '드디어 만나다'니까 meet 앞에 놓임.
B **Likewise.** 저도요.

Can I get your number? 번호 좀 알려 줄래요?

미국에서나 한국에서나 마음에 드는 상대에게 접근할 때 전화번호를 묻는 경우가 많지? 요즘은 SNS 계정을 주고받는 경우가 더 많을지도 모르지만. 암튼 상대방 전화번호를 물어볼 때 이렇게 말하면 돼. 그냥 **number**라고 하면 되지 **cell number**니 **mobile number**니 할 필요는 없어.

💙 **Can I get your number?**
번호 좀 알려 줄래요?

🐻 **No, I'm sorry.**
아, 미안해요

💙 **Why not?** 여기서는 왜 안 되는지 이유를 묻는 뜻이지만, 동의를 나타내어 '안 될 거 없죠. 좋아요'의 뜻으로도 쓰임
왜 안 돼요?

🐻 **I'm seeing someone else.** 🌟 **be seeing** ~를 사귀고 있다
만나는 사람이 있거든요.   다른 누군가

---

go out 데이트하다

Wanna go out sometime? 언제 시간 될 때 데이트할래요?
Would you like to go out sometime? 우리 언제 데이트할래요?
Let's go out again sometime. 언제 또 데이트합시다.

앞에서 한 번 얘기한 것 같은데, text는 동사로 '문자를 보내다'라는 뜻이야. send a text[message]로 바꿔 쓸 수 있어. 네이티브 친구들과 연락을 주고받을 때 많이 쓰는 단어가 text와 voice mail, Instagram, Facebook 같은 것들이야. 문자를 보내겠다는 말은 I will text you. 또는 I'll send you a text.

Can I text you later?
나중에 문자 해도 돼?

I can't talk right now.
지금은 말하기가 좀 그래.

Can I text you later?
나중에 문자 해도 돼?

That works! (상대의 제안이나 설명에 대해)
그래! 좋아, 그거 괜찮네, 그러면 되겠다.

I'll talk to you later then.
그럼 나중에 얘기할게.

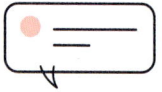

A **I'd like to see you again.** 다시 보면 좋겠는데요.
B **Let's get dinner sometime.** 언제 저녁이나 같이 해요.
A **How about Friday?** 금요일 어때요?
B **That works for me!** 좋아요!
상대의 제안이 자신에게 맞을 때

Let's go to my place.

우리 집으로 가자.

네이티브는 자기 집을 가리킬 때 my home, my house라고는 잘 하지 않아. my place(내 집), your place(네 집), 이렇게 place를 주로 써. 남녀가 데이트하며 저녁을 먹은 다음 my place나 your place로 가자는 말이 나온다면 next step으로 나아가자는 거겠지? 친밀한 사이에 할 수 있는 말이야.

💙 **We should go somewhere private.**
어딘가에, 어느 곳 / (남의 방해를 받지 않는) 은밀한, 개인적인
우리 어디 좀 조용한 곳으로 가야겠다.

🐻 **Let's go to my place.**
우리 집으로 가자.

= **Shall we head to my place?**
우리 집으로 갈까?
(head to ~로 가다, 향하다)

💙 **That's perfect.**
그게 좋겠네.

🐻 **I'll get the car.**
차 가지고 올게.

A **Let's go to my place.** 우리 집으로 가자.
B **I don't think that's a good idea.** 그건 좋은 생각이 아닌 것 같아.
A **Why not?** 왜?
B **I'm not ready for that.** 난 아직 준비가 안 됐이.

+PLUS

Ⓐ **Didn't we meet at the party last week?**
우리 지난주 파티에서 만나지 않았어요?

Ⓑ What party? 무슨 파티요?

Ⓐ John's surprise party. 존의 깜짝 파티요.

Ⓑ No. I wasn't there. 아닌데요. 전 거기 없었어요.

- What party? 정해진 몇 가지 파티 중 어떤 파티냐고 묻는 게 아니라(그런 경우 Which party?) 막연하게 무슨 파티냐고 묻는 것

Ⓐ Do you like dogs or cats? 개가 좋아요, 아니면 고양이가 좋아요?

Ⓑ **I'm a dog person.** 나는 개가 좋아요.

Ⓐ Really? I like cats. 정말요? 난 고양이가 좋은데.

Ⓑ I don't mind cats. 고양이도 싫지 않아요.

- I am a dog person. = I love dogs.
  두 사람 다 애견인임을 알게 됐다면 What kind of dog do you have?(어떤 개를 키워요?)로 대화 연결 가능

- mind 신경 쓰다, 싫어하다

Ⓐ I'm heading home. 난 집에 간다.

Ⓑ I'm getting ready to leave, too. 나도 가려는 중이야.

Ⓐ **Can we share a cab?** 같이 택시 타고 갈까?

Ⓑ I'm going to walk. 난 걸어서 갈 거야.

- share a cab 택시를 함께 타다

- Can we share a cab? = Do you mind splitting a cab? 택시 같이 타도 될까요?
  (split 나누다, 쪼개다)

Are you still seeing Paul?

너 아직도 폴 만나?

아직 폴이랑 사귀냐는 뜻이야. '(애인으로) 만나다, 사귀다'라는 말은 meet이 아니라 see로 표현하고, 보통 진행형으로 써. 만나는 사람이 있다고 할 때는 I'm seeing someone.이라고 하면 되지.

Are you still seeing Paul?
너 아직도 폴 만나?

date ~와 데이트하다, 사귀다,

Yeah, we've been dating for a year.
응, 1년째 만나고 있어.

Are you gonna get married?
결혼하려고?   결혼하다

Maybe someday.
아마 언젠가는.   언젠가, 훗날

너 아직 폴이랑 사귀어?
Are you still dating Paul?
Are you and Paul still together?
　A and B be together A와 B가 사귀다, 연애하다
Are you still in a relationship with Paul?
　be in a relationship with ~와 사귀다, 연애하다

MP3 **074**

fix A up with B는 A와 B를 소개팅시켜 주는 걸 말해.
21세기 들어서는 소개팅도 사라지고 결혼중개업도 망할 줄 알았어.
그런데 요즘은 데이팅 앱이 큰 인기를 끌고 있지.
미국에서 요즘 핫한 데이팅 앱은 Bagel meets Coffee래. 귀여운 이름이지?

Fix me up with your friend.

네 친구 나한테 소개 좀 시켜 주라.

 I have a favor to ask.
부탁
너한테 부탁이 하나 있는데.

부탁할 때
Do me a favor, please.
Can I ask a favor of you?
Would you do me a favor?

 What's up?
뭔데?
① 뭔데? 무슨 일이야?
② 잘 지내? 요즘 어때? (인사말)

 Fix me up with your friend.
네 친구 나한테 소개 좀 시켜 주라.

★ **fix A up with B**
A에게 B와의 만남을 주선하다

 I'll talk to him.
얘기해 볼게.

A **Give your friend my number.** 네 친구한테 내 번호 좀 전해 줘.
B **I think he's dating someone.** 걔 만나는 사람 있는 것 같은데.
A **Talk to your friend about me.** 네 친구한테 내 얘기 좀 해 줘. (포기하지 않음)

Did you get his name?

그 애 이름 알아냈어?

요즘은 사랑하는 이의 창문 밑에서 "그대여, 창문을 열어 주오~!" 하고 구애하는 시대는 아니야. 이런 건 옛날 영화에서나 볼 수 있는 장면이 됐어. 요즘은 바로 이름을 물어보고 직진한다지? 너무 익숙한 동사 **get**(얻다, 구하다)을 써서 간단하게 말한다는 게 포인트야.

Did you get his name?
그 애 이름 알아냈어?

No, I was too nervous to ask.
아니, 너무 긴장돼서 못 물어봤어.

= **No, I didn't get his name.**
아니, 이름 못 알아냈어.

The guy at the bar, right?
바에 있던 그 애 말이지?

Yeah, he looked amazing.
응, 진짜 멋있었어.

A **Did you ask for her name?** 그 여자 이름 물어봤어?
   ask for ~에 대해 묻다

B **I think her name is Lily.** 이름이 릴리인 것 같던데.

말 그대로 "지금 아니면 아니다." 그러니까, 지금이 바로 기회고 지금 아니면 안 된다는 뜻이야. 아래의 대화 상황에서는 관심 가는 사람의 전화번호를 딸 기회가 지금뿐이라는 뜻이지. 이렇게 심플한 표현 하나 더!
I want money or nothing.(난 돈 말곤 원하는 게 없어.)

It's now or never.
기회는 지금밖에 없어.

- **Go talk to her.**
  가서 말 걸어봐.
- **Are you serious? What if she rejects me?**
  진짜? 날 거절하면 어쩌지?
- **It's now or never.**
  기회는 지금밖에 없어.
- **Okay. I'm going!**
  알았어. 갈게!

What if 주어+동사 ~?
~하면 어쩌지?

= **The time is now.**
지금이 기회야.
Seize the moment!
기회를 잡아!

+ 관심 있는 상대에게 다가가서 할 말
Hi there! Mind if I join you? 안녕? 합석해도 될까?

I got a crush on you.

당신한테 반했어요.

> get a crush on은 '~에게 반하다'라는 뜻이야. crush는 호감을 느낀 정도가 아니라 홀딱 반한 걸 말해. 동사는 get이나 have를 쓸 수 있고, have got이라고 쓰는 경우도 많아. 그가 너한테 반한 것 같다고 말하려면, I think he got a crush on you. = I think he has a crush on you. = I think he's got a crush on you. 셋 중에 뭘 써도 괜찮아.

💙 **I need to say something.**
나 할 말 있어요.

🐻 **Me, too.**
나도요.

💙 **I got a crush on you.**
당신한테 반했어요.

= **I'm head over heels for you.**
(be head over heels for ~에게 홀딱 반하다)

🐻 **I feel the same way!**
나도 그래요! 공감을 표시하는 말

☆ **get[have] a crush on**
~에게 반하다

➕ **I'm crazy about her.** 난 그녀에게 완전히 푹 빠졌어.
  be crazy about[for] ~에게 푹 빠지다

He's madly in love with her. 그는 그녀를 미친 듯이 사랑해.
  be (madly) in love with ~를 (열렬히) 사랑하다

> 사람에게 hit on하는 것은 '(성적으로 끌린) 사람에게 수작[작업]을 걸다, 추파를 던지다'라는 뜻이야. 그러니까 Are you hitting on me?는 지금 나한테 작업하는 거냐는 말이지. flirt with나 come on to라는 말 들어 봤어? hit on이랑 같은 뜻이야.

Are you hitting on me?

나한테 작업 거는 거예요?

🌟 **hit on 사람** (성적으로 끌린) 사람에게 수작[작업]을 걸다, 추파를 던지다
= flirt with 사람, come on to 사람

💙 **Are you hitting on me?** = Are you coming on to me?
   나한테 작업 거는 거예요?   Are you flirting with me?

🐻 **Yes. Can I get your number?**
   네. 번호 좀 알 수 있을까요?

💙 **Sure. Let me see your phone.**   전화번호를 직접 입력해 줄 테니
   그래요. 전화기 줘 봐요.   전화기를 달라는 말

🐻 **We should grab a drink sometime.**
   언제 한잔합시다.   한잔하다

➕ **Are you asking me out?** 나한테 데이트 신청하는 거예요?
   ask ~ out ~에게 데이트를 신청하다

We really hit it off.

우리가 죽이 잘 맞더라고.

소개팅이나 데이팅 앱으로 사람을 만났는데 만나자마자 서로 죽이 잘 맞으면 이런 말을 할 수 있어. hit it off (with)가 '(~와) 죽이 맞다'라는 뜻이야. 데이트하고 온 친구에게 How was your date last night?(어젯밤 데이트 어땠어?) 라고 물었더니 돌아온 답이 이렇다면 축하해 줄 일이겠지?

How was your date?
데이트 어땠어?

Way better than I expected. (훨씬)
생각보다 훨씬 좋았어.

Yeah?
그래?

hit it off (with) (~와) 죽이 맞다

We really hit it off. = **We got along great.**
우리가 죽이 잘 맞더라고.   우리 되게 잘 맞았어.

She was easy to talk to. 그녀는 대화하기 편했어.
be easy to talk to 대화 상대로 편하다는 뜻

be obsessed with는 누군가, 무언가에 집착하거나 사로잡혀 있는 걸 말해. 사람에게 쓰면 집착하거나 질척거린다고 할 때 쓸 수 있지.
He's obsessed with me.라고 하면 "걔 나한테 질척거려."란 말이야.
으, 상상만 해도…

Are you obsessed with me?

질척거리는 거예요?

- **Why are you following me?**
  왜 날 따라오는 거죠?
- **I just want to talk to you.**
  얘기 좀 하고 싶어서요.
- **Are you obsessed with me?**
  질척거리는 거예요?
- **What? No!**
  뭐요? 아니거든요!

be obsessed with
~에(게) 집착하다, 질척거리다, 사로잡혀 있다

Are you stalking me? 나 스토킹하는 거예요?
　stalk 쫓아다니며 괴롭히다
Are you following me? 지금 나 따라오는 거예요?

My heart skipped a beat. 심장이 멎는 줄 알았어.

skip은 '건너뛰다'란 뜻이고 beat은 '맥박, 박자'를 가리키니까, 이 말은 직역하면 심장의 맥박이 한 박 건너뛴다는 뜻이 돼. 이상형을 만나거나, 좋아하는 상대에게 고백을 받거나, 청혼을 받거나 하는 상황에서 '심쿵하다, 심장이 멎는 것 같다' 라는 의미로 하는 말이지.

💙 **Did you see her smile at you?**
걔가 너한테 웃어주는 거 봤냐?

🐻 **Yeah... I thought I imagined it.**
응… 내 착각인 줄 알았지.

💙 **Nope, it was real.**
아니야, 진짜였어.

🐻 **My heart skipped a beat.**
심장이 멎는 줄 알았어.

= **He caught me off guard.**
그 사람 때문에 깜짝 놀랐지.
(catch ~ off guard
~의 허를 찌르다, 놀라게 하다)

✨ **one's heart skip a beat**
심쿵하다, 심장이 멎는 것 같다

+ **I was just thrilled!** 진짜 너무 좋았지!
  thrilled 황홀해 하는, 아주 흥분한
  I was absolutely ecstatic. 어마어마하게 황홀했어.
  ecstatic 황홀해 하는, 열광하는, 무아지경의

어떤 문제가 생겼을 때 단계별로 해결해 가는 걸 영어로 work through라고 해. We'll work through it.은 "우린 잘 해결해 나갈 거야."라는 말이지. 비슷하게 work out이라는 말이 있어. We'll work it out. 그런데 한 가지! work out의 목적어로 대명사를 쓰면 work와 out 사이에 써야 하는 게 work through와 달라. We can work this out.(우린 이걸 잘 해결할 수 있어.)

We'll work through it.

우린 잘 헤쳐 나갈 거야.

- It seems like all we do is fight.
  우리는 ~만 한다
  우리는 맨날 싸움만 하는 것 같아.
- We'll work through it.
  우린 잘 헤쳐 나갈 거야.
  문제를 단계별로 해결하다
- I'm not sure about that.
  그럴 거라는 확신이 안 서네.
  ★ be sure about
  ~에 대해 확신하다
- Let's just talk about this.
  이 문제에 대해 얘기 좀 해 보자.

A **I'm breaking up with you.** 우리 헤어져.
B **Don't say that!** 그런 말 하지 마!
A **We fight all the time.** 우린 맨날 싸우기만 하잖아.
B **We'll work through it.** 우린 잘 해결할 거야.

I'm so upset with you.
너 때문에 진짜 속상해.

내가 가장 무서워하는 말은 angry나 mad가 아니라 upset이야.
upset은 '마음이 상한, 화난'이란 뜻인데, 그걸 넘어서 실망감, 섭섭함 등을
복합적으로 담고 있는 단어야. 그래서 누가 나한테 upset하다고 말하면
가슴이 철렁 내려앉아. 사람 때문에 속상하면 be upset with을,
어떤 일 때문에 속상하면 be upset about을 써.

What's wrong? (상황이 안 좋아 보일 때) 왜 그래? 뭐 잘못됐어?
왜 그래?

I'm so upset with you. = **I'm mad at you.** 나 너한테 화났어.
너 때문에 진짜 속상해. (be mad at ~에게 화가 나다)

☆ **be upset with** 사람
~ 때문에 마음이 상하다

What did I do?
내가 뭘 어쨌는데?

You lied to me!
나한테 거짓말했잖아!

+ **You cheated on me.** 넌 날 두고 바람피웠잖아.
cheat on 사람 ~를 속이고 바람피우다

> take a[the, one's] call은 '전화를 받다'라는 뜻이야. 그러니 Why aren't you taking my calls?는 "너 왜 자꾸 내 전화 안 받아?", "너 왜 자꾸 내 전화 씹어?"라는 뜻이지. calls가 복수이니 한두 번 안 받은 게 아닌 것 같지? 속상하다.

Why aren't you taking my calls?

왜 자꾸 내 전화를 씹어?

- **Are you avoiding me?**
  날 피하는 거야?
- **No, why?**
  아니, 왜?
- **Why aren't you taking my calls?**
  왜 자꾸 내 전화 씹어?
- **I've been busy at work.**
  일하느라 바빴어.

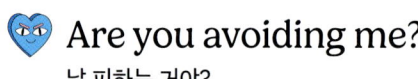
= Why aren't you answering my calls?
Why are you ignoring my calls?

★ **take[answer] one's call** 전화를 받다

> **I've been busy.**
> Why aren't you taking my calls?나 Are you ignoring me?(나 무시하는 거야?) 같은 말에 대한 흔한 변명

+ **Why aren't you calling me back?**
= **Why aren't you returning my calls?**
왜 나한테 다시 전화 안 해?
call 사람 back = return one's call (전화) 회신하다

Let me fix this.
내가 상황을 바로잡아 볼게.

---

fix에는 자동차나 기계를 고치거나 수리한다는 뜻 외에 무언가를 '바로잡다'라는 뜻도 있어. 깨진 인간관계를 바로잡는다고 할 때도 이렇게 fix를 쓸 수 있지. fix는 그 외에도 '음식을 준비하다, 날짜를 확정하다, 물건을 고정하다' 등 여러 뜻으로 써. 알아두면 정말 쓸모가 많은 동사야.

💙 **I can't believe you lied to me!**
어떻게 나한테 거짓말을 할 수가 있어!

🐻 **I didn't mean to.** 　잘못을 했을 때 고의가 아니었다고
그럴 생각은 아니었어. 　하는 말(to 뒤에 동사원형 생략)

💙 **I'm done with you!** ✦ **be done with**
너랑은 끝이야! 　～와 절교하다, ～를 끝내다

🐻 **Let me fix this.** ＝ I can fix this.
내가 상황을 바로잡아 볼게.

I'll fix us some sandwiches.
내가 샌드위치 좀 만들어 줄게.
Let's fix the date for next Friday.
날짜는 다음 금요일로 확정하자.
I fixed the mirror to the wall with nails.
못으로 거울을 벽에 고정했어.

영어 단어에 over가 들어가면 보통 '오버, 과잉, 넘침'의 의미야. overreact는 over에 react(반응하다)가 결합했으니 '과잉 반응하다, 오버하다'라는 뜻이야. 그러니까 이 표현은 과잉 반응했다면 미안하다는 뜻이 돼.

I'm sorry if I overreacted.

내가 오버했다면 미안.

- **I'm sorry if I overreacted.**
  내가 오버했다면 미안.
  overreact 과잉 반응하다

- **You got mad at me for no reason.**
  이유 없이 나한테 화를 내고 그래.
  아무 이유 없이

- **I was upset.**
  속이 상해서 그만.

- **That's no excuse.**
  그건 네 사정이고.
  변명, 구실, 핑곗거리
  직역하면 "그건 변명이 안 돼."

I'm sorry I hurt you. 상처 줘서 미안해.
I'm sorry if I was too harsh. 내가 너무 심했다면 미안해.
harsh 가혹한, 무자비한

Let's put it behind us. 없던 일로 하자.

> 이 문장을 우리말로 그대로 옮기면 "그걸 우리 뒤에 놓자," 즉 지난 일로 하고 잊자는 뜻이야. 그러니까, 없던 일로 하자는 말이지.
> 안 좋은 일을 덮어 두고 지나가면 결국에는 문제가 될 텐데 말이야.

🩵 **Are you still mad at me?**
너 아직 나한테 화났어?

🐻 **No, I'm over it.**
아니, 이젠 괜찮아.

✨ **be over ~**
~를 넘기다, ~에서 회복되다

🩵 **I really am sorry for what happened.**
지난 일은 정말 미안해.   일어났던 일

🐻 **Let's put it behind us.**
없던 일로 하자.

✨ **put ~ behind** 사람
(안 좋았던 경험을) 잊다, 없던 일로 하다

= **Let's forget about it.** 그 일은 잊자.
(한쪽은 잊을 상황이 아닌데 이렇게 말하면 매우 기분 나쁜 말일 수 있다!)

A **I'm sorry for what I said.** 내가 했던 말 미안해.
B **Me, too. I was upset.** 나도 미안. 화가 났었어.
A **Let's put it behind us.** 없던 일로 하자.
B **That works for me.** 좋아.

MP3 088

> '애증 관계'라는 말이 있지. 영어에도 그런 표현이 있어.
> 바로 a love-hate relationship이야. 또 '시원섭섭하다'란 말이 있지.
> 영어로도 그런 말이 있을까? cool but hurt? 아니야. bittersweet라고 해.
> 나를 따라다니던 남자가 다른 여자 생겼다고 나를 더 이상 귀찮게 하지 않는다면?
> It's sort of bittersweet.

It's a love-hate relationship.

우린 애증 관계야.

- **Are you guys dating again?**
  너희 다시 만나?

- **Yeah. We got back together.**
  응. 다시 만나기로 했어.

  > **get back together**
  > 다시 만나다, 재결합하다

- **I thought you were mad at him.**
  너 걔 때문에 열 받은 줄 알았는데.

- **It's a love-hate relationship.**
  우린 애증 관계야.

> **We're on and off.**
> 우리는 걸핏하면 헤어졌다가 또 만나고 그래.
>   be on and off 연인이 만났다 헤어졌다를 반복하다
> **Our relationship is a rollercoaster.**
> 우리 관계는 롤러코스터야.

Are we really over?

우리 정말 끝난 건가?

사랑하는 사이에는 상상할 수 없는 말이겠지만… 이별이 코앞에 왔을 때 이제 더 이상 연인 사이는 아닌 건지 묻는 말이야. be over는 '끝나다'라는 뜻이지. 메이저리그 뉴욕 양키스의 포수였던 요기 베라(Lawrence Peter "Yogi" Berra)의 유명한 말이 생각나네. *It ain't over till it's over.* "끝날 때까지 끝난 게 아니야."

💙 Are we really **over**? (끝이 난)
우리 정말 끝난 건가?
＝ Are you really breaking up with me? 너 정말 나랑 헤어지자는 거야?

🐻 I think it's **for the best**. (최선인, 제일 좋은)
그게 최선인 것 같아.

💙 I don't want to break up.
난 헤어지기 싫은데.

🐻 We're **no good together**. (함께 있어 좋지[행복하지] 않은)
우린 함께해서 행복하지 않아.

➕ **We're done! We're over!** 우린 끝났어! 끝났다니까!
Did you really dump me? 너 정말 나를 찬 거야?
dump (쓰레기 같은 걸) 버리다, 애인을 차다

103

이 표현은 사귀다가 헤어지면서 친구로 지내자는 말이야.
애인에서 친구로, 친구에서 애인으로, 관계를 가볍게 오가는 사람들도 있지.
Let's remain friends.라고 말할 수도 있지만, Let's stay friends.가
더 자연스러워.

Let's stay friends.
친구로 지내자.

Can I still see you?
널 계속 볼 수 있을까?

I'd like that.   would like = want
나도 그러고 싶어.

Let's stay friends.   = We can be friends.
친구로 지내자.   우린 친구가 될 수 있을 거야.
 (어떤 상태를) 유지하다, (어떤 장소에) 머무르다

Deal!
좋아!
　Deal! 제안을 수락할 때

We're better as friends. We should split up.
우린 친구로서가 더 나아. 우린 헤어져야 해.
　split up 헤어지다, 이혼하다(= break up)

You brought this on yourself.

이건 네가 자초한 일이야.

> 영어에 **bring ~ on**이라는 동사구가 있어. '~를 초래하다'라는 뜻이야.
> You brought this on.이라고 해도 "네가 이걸 초래했어."라는 뜻인데,
> 끝에 **yourself**(너 스스로)를 넣으면 네가 스스로 한 일이라는 걸 강조하게 되지.
> 잘못된 행동을 비난하는 느낌이야.

I'm breaking up with you.
너랑 헤어져야겠어.

I didn't mean to cheat!
바람피우려고 했던 건 아냐!

= **You got what you deserve.**
(get what you deserve 자업자득이다)

You brought this on yourself.
이건 네가 자초한 일이야.

✨ **bring ~ on** ~를 초래하다

Please don't leave me.
제발 날 떠나지 마.   ~를 떠나다

➕ **It's just not working.** (우리 관계가) 삐걱거리잖아.

deserve는 '~를 받을 만하다, 누릴 자격이 있다'라는 뜻이야.
그러니까 I don't deserve you.를 직역하면 나는 당신을 누릴 자격이 없다,
나 따위 당신과 어울리지 않는다는 뜻이야.
상대를 치켜세워 주는 사랑의 표현이라고 할까?

I don't deserve you. 당신은 나에게 과분해.

get lucky 운이 좋다
How did I get so lucky?
난 어쩜 그렇게 운이 좋을까?

What do you mean?
무슨 말이야?

I don't deserve you.
당신은 나에게 과분해.
= 쉬운 단어만으로 말하면
You're too good for me.

You're wrong!
그건 아냐!
이어서 이렇게 말할 것! **You are perfect!**

You deserve someone better.
= You deserve better.
너는 나보다 좋은 사람 만날 수 있어.

I'm not good enough for you.
나는 당신에게 턱없이 부족한 사람이야.

I'm not into you anymore.

더 이상 너한테 관심이 없어.

이 말은 아주 강하고 직설적이어서 듣는 사람은 상처받을 수 있어.
be into는 '~에 관심이 많다, ~를 좋아하다'라는 뜻인데, 그걸 부정하고 있거든.
난 더 이상 너한테 관심이 없다, 이제 널 안 좋아한다는 말이지.
이런 말을 듣는다면 꽤나 씁쓸해지겠는걸?

💙 **Why won't you return my calls?**
너 왜 내 전화 씹고 전화 안 해?

🐻 **Sorry. I'm not into you anymore.**
미안. 더 이상 너한테 관심이 없어서.

> **be into**
> ~에 관심이 많다, ~를 좋아하다

💙 **Just like that?** (경고나 설명 없이) 갑자기
갑자기 이런다고?

🐻 **Yeah. We can be friends.**
응. 우리 그냥 친구로 지내자.

이렇게 답하자.
What did I do? 내가 뭘 어쨌길래 그래?
Is it something I did? 내가 뭘 잘못해서 그래?

I'm not interested in you anymore.
난 이제 너한테 관심 없어.

I don't see you like that anymore.
너에 대한 마음이 예전 같지 않아.

I don't find you sexually attractive anymore.
더 이상 당신에게 성적 매력을 느끼지 못해.

재미있는 표현이지? 나를 차긴 찼는데(dumped), 좋게·멋지게·친절하게(nicely) 찼다니!? 한때 사랑했던 사람들이라도 애정이 식어서 헤어질 수 있지. 그래도 헤어질 때는 예의를 갖추고 쿨하게 하자.
jerk(멍청이, 바보)처럼 못나게 굴지 말고.

She dumped me nicely. 좋게 차였어.

- **So… it's over.**
  그냥… 끝났어.

- **Wait, seriously? What happened?**
  진짜? 무슨 일인데?

- **She dumped me nicely.** = She broke up with me nicely.
  좋게 차였어.   서로 좋게 헤어졌다는 뜻
  dump (애인을) 버리다

- **Oof, at least she was polite?**
  으… 그래도 예의는 있었네?
  (적어도)

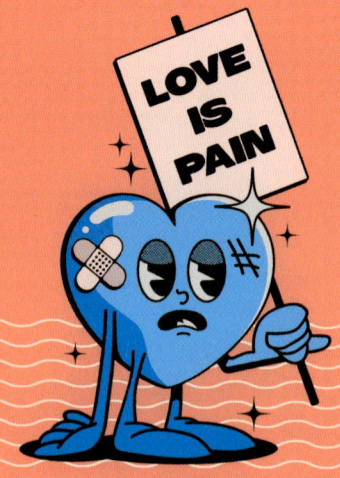

I think we need a break.

우리 시간을 좀 가져야 할 것 같아.

> break는 보통 '쉬는 시간, 짧은 휴가'로 알고 있을 거야. 연인 사이에 break가 필요한 것 같다는 건 무척 심각한 얘기지. I need some space. 잠깐 떨어져서 자기만의 공간과 시간이 필요하다는 뜻일 거야. 그런데 남친이나 여친이 We need a break.라는 말을 하면 I'm seeing another person.(나 딴 사람 만나고 있어.)이라는 뜻으로 이해하는 게 나을 수도….

💙 **I need to talk to you.**
너한테 할 말이 있어.

🐻 **What's going on?**
무슨 일이야?

💙 **I think we need a break.** 〔쉬는 시간, 짧은 휴가, 중단, 절연〕 = **I need some time.**
우리 시간을 좀 가져야 할 것 같아. 나는 시간이 좀 필요해.

🐻 **Whoa. I didn't see that coming.**
와. 예상 못했는데. 예상 못 했어, 그럴 줄 몰랐어.

---

space가 필요해!

Give me a little space. 나한테 시간을 좀 주라.
└ 여기서 space는 공간이 아니라 시간, space (생각할) 시간

I just need some space to think about things. 생각할 시간이 좀 필요해.
└ 연인에게 이런 말을 하는 건 결국 **We need to break up.**이라고 하는 것

> It's a long story.는 말하자면 길다, 얘기하자면 끝도 없다는 뜻이야.
> 너무 복잡하고 괴로워서 말하고 싶지 않다는 말이지.
> 여기 대화에서도 루시와 헤어졌느냐고 묻는 친구에게 복잡한 사정을
> 다 말하고 싶지 않으니 It's a long story.라고 간단히 대답하고 마는군.

It's a long story.

말하자면 길어.

- **Weren't you dating Lucy?**
  너 루시랑 사귀지 않았어?
- **Yeah, we were.**
  응, 사귀었지.
- **Did you break up?**
  헤어졌어?
- **It's a long story.** 얘기하자면 끝도 없어.
  말하자면 길어.

---

long의 다른 쓰임

It's been a long day. 긴[힘든] 하루였어요.
Long story short, it didn't work out. 간단히 말해서, 잘 안 됐어.
long story short, to make a long story short 간단히 말해서, 한마디로 말하면

I swear, I didn't cheat on you.

정말로 난 바람 안 피웠어.

cheat on는 연인 사이에서 바람을 피우는 걸 말해. I swear는 "진짜야, 맹세해." 같은 느낌이고, 감정이 좀 실려 있어. 그러니까 이 표현은 누군가에게 바람 안 폈다고 진심으로, 강하게 말할 때 써. 그런 의심을 받는 게 억울하고 그런 일로 관계가 잘못되지 않았으면 하는 간절함도 담겨 있지.

💙 **Did you cheat on me?**
너 날 두고 바람피웠어?

🐻 **I'd never do that!**
난 그런 짓 안 해!

💙 **Are you being serious?** = **Are you serious?**
지금 그 말 진심이야?
현재진행형은 대화하는 '지금' 현재성을 더 강조

🐻 **I swear, I didn't cheat on you.**
정말로 난 바람 안 피웠어.

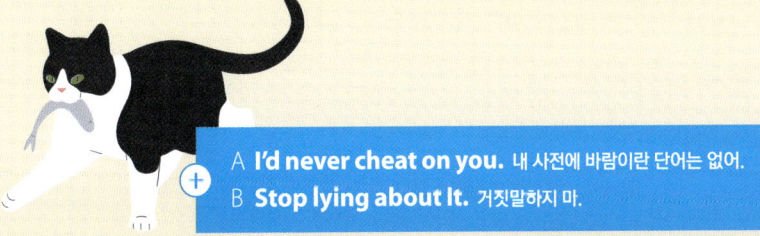

A **I'd never cheat on you.** 내 사전에 바람이란 단어는 없어.
B **Stop lying about it.** 거짓말하지 마.

+PLUS

Ⓐ **Are you and Mike together?** 너랑 마이크랑 사귀니?
Ⓑ Yeah, we're seeing each other. 응. 우리 사귀는 사이야.
Ⓐ **How long have you been dating?** 사귄 지는 얼마나 되는데?
Ⓑ About a month. 한 달 정도.

- Are you guys together? 너희 사귀어?
- How long have you been 동사-ing? ~한 지 얼마나 됐어요?

Ⓐ **I'm in love with her!** 나 그 사람이랑 사랑에 빠졌어!
Ⓑ You've said that before. 전에도 똑같은 말 했잖아.
Ⓐ **This time it's for real.** 이번엔 진짜야.
Ⓑ Sure, it is. 그래, 어련하겠니.

- for real 진짜인
- This time it's for real. = It's true this time. = It's different this time.

Ⓐ **Where have you been?** 어디 갔었어?
Ⓑ I've been around. 근처에 있었어.
Ⓐ **Doing what?** 뭐 하면서?
Ⓑ Just trying to clear my head. 그냥 머리 좀 식혔어.

- be around 근처에 있다
- clear one's head 머리를 식히다

- Ⓐ **We should break up.** 우리 그만 헤어져.
- Ⓑ I think that's a good idea. 좋은 생각 같아.
- Ⓐ So, **this is it?** 이제 끝인 거지?
- Ⓑ Yeah, I guess so. 응, 그런 것 같아.

- 여기서 누구 하나가 못 헤어진다고 붙잡고 매달린다면
  Don't be clingy.(집착하지 마.)라고 말할 수도. (clingy 들러붙어서 떨어지지 않는)

- Ⓐ What's wrong with you? 왜 그래?
- Ⓑ **I feel empty.** 맘이 허해서.
- Ⓐ What happened? 무슨 일 있었어?
- Ⓑ **Julia left me.** 줄리아가 날 떠났어.

- empty 텅 빈, 공허한, 무의미한
- I feel empty. 마음이 길을 잃고(be lost) 슬픔에 잠긴 상태(be heartbroken)

- Ⓐ **Let's see other people.** 우리 이제 다른 사람 만나자.
- Ⓑ What? 뭐라고?
- Ⓐ I want to break up. 나 헤어지고 싶어.
- Ⓑ I didn't see that coming. 예상 못한 말인데.

CHAPTER 3
요즘 일상의 영어

얼어 죽을 것 같은 겨울에도
아이스 아메리카노를 주문하고,
디카페인이 맛있는 카페를 찾아다니는
요즘 일상, 요즘 영어표현들

이 문장 folding 뒤에 laundry(세탁물)를 넣어도 좋겠어. 다 마른 빨래를 개는 걸 영어로 fold라고 해. fold는 '접다, 개키다'라는 뜻의 동사야.
be good at은 '~를 잘하다'라는 뜻이야. at 뒤에 동사가 올 때는 -ing형을 써야 해. 반대로 '~를 못하다'는 be not good at이나 be poor at, suck at으로 표현해.

I'm not good at folding.
난 빨래 잘 못 개는데.

fold the laundry 빨래를 개다
(do the laundry 빨래를 하다)

Can you fold the laundry?
빨래 좀 개 줄래?

I'm not good at folding. = I am poor at folding laundry.
I suck at folding laundry.
난 빨래 잘 못 개는데.

be not good at ~를 잘 못하다
(= be poor at, suck at)

Give it a try.
해 보기나 해. 한번 해 보다, 시도하다

I'll see what I can do.
어떻게 하나 해 볼게.

I'll put it on the list.

내가 목록에 적어 둘게.

> put ~ on the list는 '~를 목록[명단]에 올리다'라는 뜻이야. 종이 목록 위에 적어 넣는 거니까 전치사 on을 쓴다고 생각하면 쉽지. 영어를 공부할 때 전치사 때문에 애먹는 경우가 많더라. 그런데 전치사를 일일이 고민하다 보면 영어로 말하기가 어려워지는 것도 사실이야.

🌼 **We need shampoo.**
우리 샴푸 있어야 해.

☕ **I'll put it on the list.** = I'll add it to the list.
내가 (쇼핑) 목록에 적어 둘게.

🌼 **Add laundry soap, too.** (세탁비누)
세탁비누도 적어.

☕ **I'll do that.**
그렇게.

➕ **It's on the list (already).** 그건 (이미) 목록에 있어.

영어는 잘할수록 문장이 짧아지지. What's that?(그게 뭐야?), So what?(그래서 뭐?), What's going on?(무슨 일이야?), Got that?(알아들었어?) 등등. 저녁 메뉴를 묻는 것도 What's for dinner?라고 간단히 말할 수 있어. 이 문장을 응용해 볼까? What's for lunch?(점심 메뉴 뭐야?), What's for breakfast?(아침 메뉴 뭐야?), What's for dessert?(후식은 뭐 먹어?)

What's for dinner? 저녁 메뉴 뭔데?

- **Dinner is ready!**
  저녁 준비됐다!
- **What's for dinner?**
  저녁 메뉴 뭔데?
- **I grilled steak.**
  스테이크 구웠어.

  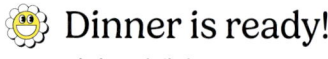 **grill** 그릴[불]에 굽다

- **Can't wait!** = **I can't wait!**
  빨리 먹고 싶다! 기대감에 가득 차서 기다릴 수 없다는 뜻

+ **What are you gonna make for dinner?** 저녁으로 뭐 만들 거야?
  What are you having[eating] for dinner? 저녁으로 뭐 먹을 거야?
  현재진행형으로 가까운 미래를 나타냄

MP3 102

It's a little pricey.

조금 비싼데.

'가격이 비싸다/싸다'라고 말할 때 expensive, cheap 같은 형용사들이 바로 떠오르지? 그런데 비싸다는 건 pricey(값비싼)라는 단어로 말할 수도 있고, 저렴하다고 할 때는 cheap이라고 하기보다 not very expensive나 inexpensive(비싸지 않은)라고 말하면 좀 더 있어 보인다고나 할까?

사다, 받다, 얻다

You should get it.
너 그거 사라.

It's a little pricey. ⇒
조금 비싼데.
가격이 좀 비싼(=pricy)

이어서 할 수 있는 말로,
I can't afford it. 그걸 살 여유가 안 돼.
afford (~를 살/할) 금전적/시간적 여유가[형편이] 되다

It's worth it.
그만한 값을 해.

worth it 그만한 가치가 있는

I do really like it.
정말 마음에 드는데 말이야.

강조의 do

짧으면서 명쾌한 표현이야. 트렌드를 따라가려면 돈이 든다는 말이지.
비슷한 말 하나 더. **Travel costs a lot of money.**(여행은 돈이 많이 든다.)
여행은 즐겁지만 돈이 많이 드는 게 사실이지.
그래도 사람들은 여행을 떠나. 돈이 들어도 트렌드를 좇는 사람들도 있는 것처럼.

Following trends costs a lot.

트렌드 따라가려면 돈이 많이 들어.

- **You should get those sunglasses.** 안경알은 두 개 = 항상 복수형
  너 저 선글라스 사라.   트렌드, 유행, 경향
- **Following trends costs a lot.** = **Keeping up with trends costs a lot.**
  트렌드 따라가려면 돈이 많이 들어.
  cost 값[비용]이 들다, 값, 비용
- **You can afford it.**
  너 살 형편 되잖아.
- **I don't want to spend that much.**
  그렇게 많은 돈을 쓰고 싶진 않아.   돈을 쓰다, 시간을 보내다

+ **Can't you afford it?** 그거 살 형편이 안 돼?

ⓐ **Take out the recycling.** 재활용품 좀 밖에 내놔.
ⓑ **I'll do it later.** 나중에 할게.
ⓐ **Do it now, please.** 지금 해.
ⓑ **Fine.** 알았어.

- take out (밖으로) 내놓다, 꺼내다   recycling 재활용(품)
- Take out the recycling. = Recycling needs to go out. 재활용품 밖에 내놔야 해.

ⓐ **Can you mop the floor?** 바닥 걸레질 좀 할 수 있어?
ⓑ **Sure.** 그럼.
ⓐ **Sweep it first.** 빗자루로 먼저 쓸어.
ⓑ **Anything else?** 다른 건?

- mop the floor 바닥을 대걸레로 닦다
- sweep 빗자루로 쓸다(빗자루는 broom, 솔은 brush)

ⓐ **The washer isn't working.** 세탁기가 작동을 안 하네.
ⓑ **Call a repair man.** 수리 기사 불러.
ⓐ **Can I fix it myself?** 내가 직접 고칠 수 있을까?
ⓑ **You can try.** 한번 해 봐.

- washer 세탁기(= washing machine)   work 기계가 작동되다
  repair man 수리 기사
- Let me try to fix it. 내가 한번 고쳐 볼게.

+PLUS

Ⓐ **Time to eat.** 밥때 됐어.
Ⓑ What's for dinner? 저녁 메뉴 뭔데?
Ⓐ We're having tacos. 타코 먹을 거야.
Ⓑ **Be right there.** 바로 갈게.

- Time to eat. = Dinner time.
- Be right there. = I'll be right there.

Ⓐ **Toilet paper is running low.** 화장실 휴지가 다 떨어져 가.
Ⓑ Put it on the list. 목록에 적어.
Ⓐ **I'll write it down.** 적어 놓을게.
Ⓑ Thanks! 고마워!

- run low ~가 부족해지다
  cf) be out of ~가 다 떨어지다 : We're out of toilet paper. 화장실 휴지가 다 떨어졌어.
- write ~ down ~를 받아 적다

Ⓐ I love that dress! 저 옷 너무 맘에 들어!
Ⓑ You should get it. 그럼 사.
Ⓐ **It's not my look.** 내 스타일이 아니야.
Ⓑ I think it is. 네 스타일 같은데.

- look 스타일, 겉보기, 외모, 보기, 표정

I need a caffeine fix.

카페인 수혈 좀 해야겠어.

caffeine fix란 카페인이 든 커피를 마시고 정신을 차리는 걸 뜻해. 우리나라 사람들의 커피 사랑은 대단하지. 2023년에 했던 어떤 조사를 보니 1인당 매년 커피 405잔을 마신다고 해. 참고로 카페인 중독은 caffeine habit이고, 카페인으로 각성하는 건 get wired up이라고 표현해.

hold on
견디다, 전화를 끊지 않고 기다리다
(명령문으로) 잠깐만, 기다려.

Can I talk to you about something?
얘기 좀 할 수 있을까?

Hold on. I need a caffeine fix.
잠깐만. 카페인 수혈 좀 해야겠어.

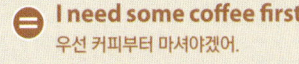 커피를 마시고 정신을 차리는 것

= **I need some coffee first.**
우선 커피부터 마셔야겠어.
I have to get some coffee.
커피 좀 마셔야겠어.

Let's get some coffee.
그래, 커피 마시자.

That sounds great.
좋지.

> Give me a break!는 상황에 따라 세 가지 정도 의미로 써.
> 하나, (너무 빡빡하게 굴지 말고) 좀 봐주세요.
> 둘, (That's enough.와 같은 뜻) 그만 좀 해!
> 셋, 농담하지 마! 거짓말하지 마!

Give me a break!

좀 봐주세요!

- **I need you to work late tonight.** (늦게까지 일하다, 야근하다)
  자네 오늘 야근 좀 해야겠어.
- **Give me a break!** ⇒ 조금 더 반항적으로, **Easy for you to say.** 말은 쉽죠.
  좀 봐주세요!
- **It's really important.**
  정말 중요한 일이라서 그래.
- **I don't care.** (상관하다, 관심을 갖다)
  제가 알 게 뭐예요.

Enough already! (짜증 나거나 따분하니) 그만해!, 그만하면 됐어!

Can you cover for me? 나 대신 수고해 줄 수 있어?

cover for는 '(자리를 비운 사람을) 대신하여 일하다'라는 뜻이야.
회사에서 동료에게 잠깐 내 일을 부탁할 때 이렇게 말할 수 있지.
Will you work for me?라고 work for를 쓸 수도 있어.
친한 사이에서는 Cover for me? 이렇게 간단히 말해도 돼.

- **I'm leaving early.**
  오늘 좀 일찍 가려고.

  leave early 일찍 퇴근하다

- **Do you need anything?**
  뭐 필요한 거 있어?

- **Can you cover for me?**
  나 대신 수고해 줄 수 있어?

  cover for 사람
  (자리를 비운 사람을) 대신하여 일하다

- **Sure.**
  그럼.

A **Cover for me. I'm not feeling well.**
  나 대신 일 좀 해 줘. 몸이 안 좋아.
B **Sure. No worries. I hope you feel better!**
  그래. 걱정 마. 회복하길 바라!

'떠맡다, 책임지다'의 뜻
(식당에서) **Can you cover me? I'll pay you back.**
  내 밥값 좀 내 줄 수 있어? 다음에 갚을게.

'엄호하다'의 뜻
(총격전에서) **Cover me.** 날 엄호해!

회사에서 어떤 내용을 전달한 다음 내 말을 이해했냐고 물을 때
Do you understand me?라고 해도 되지만, 좀 있어 보이게
Are we clear on this?라고 해 봐. 그냥 Are we clear?라고 해도 돼.
이 말에는 Any questions?(질문 있나요?)라는 의미가 숨어 있어.

Are we clear on this?
내 말이 뭔지 아시겠어요?

- **Are we clear on this?** 확실히 알고 있는, 확실한
  내 말이 뭔지 아시겠어요?
  = **Make sense?** 알아듣겠어요?
  Do you get it? 이해가 가요?
  이렇게 간단히 표현할 수도 있음

- **I think I understand.**
  알 것 같습니다.

- **Need me to explain again?** 앞에 Do you를 생략한 말
  다시 설명할까요?

- **No, I get it.** = **I understand it.**
  아뇨, 이해했어요.

+ **Do I make myself clear?**
  내 말 알아듣겠어요?
  좀 더 고급스러운 표현

I'll look over it.
살펴볼게.

동사구 look over는 서류나 자료 같은 것을 '살펴보다, 검토하다, 훑어보다' 라는 뜻이야. 대강 빠르게 살펴보고 훑어보는 느낌이지.
그에 반해 go over라고 하면 차근차근 꼼꼼히 살펴보고 검토하는 걸 말해. look over와 go over의 차이, 알겠지?

🌼 **Did you see my email?**
내 이메일 봤어?

☕ **Not yet.**
아니 아직.

🌼 **Check it out.**
확인해 봐.

☕ **I'll look over it.**
살펴볼게.   ~를 대강 훑어보다, 빠르게 살펴보다

I'll look over the presentation. 내가 그 PT 한번 살펴볼게.
　look over 대강 훑어보다, 빠르게 살펴보다

Let's go over the report. 그 보고서 꼼꼼히 검토하자.
　go over 꼼꼼히 검토하다

Read through this. 이거 다 읽어 봐.
　read through 꼼꼼히 읽다

보통 회사에는 직원들을 위한 복지제도가 있지, 그걸 영어로 benefit이라고 해.
medical insurance(의료보험), **paid time off**(PTO, 유급 휴가),
employment discount(직원 할인), **family and medical leave**(가족 및 의료 휴가),
stock options(스톡옵션) 등등 다양하고, 회사마다 benefit이 다르지.
이렇게 직원 생일 휴가도 benefit의 하나야.

I get my birthday off.
나 생일에 휴가야.

★ **get a day off** 일을 하루 쉬다, 하루 휴가를 내다

- **I get my birthday off.**
  나 생일에 휴가야.
- **Must be nice.**
  좋겠다.
  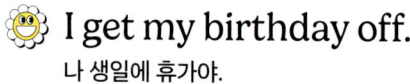
- **It's a perk.**
  혜택 중 하나지.
- **Enjoy the day off.**
  즐겁게 잘 쉬어.

> off는 출근 안 하고 쉬는 걸 뜻해.
> **I'm off today.**
> **I'm having a day off today.**
> 나 오늘 일 쉬어.

I got a day off next week. 다음 주에 하루 휴가 냈어.
I'll be gone all week. 난 일주일 동안 자리를 비울 거야.
I'm out next week. Since I'm on vacation. 나 다음 주에 출근 안 해. 휴가거든.

Let me give it some thought.

생각 좀 해 보고요.

> give ~ some thought는 '(~에 대해) 생각을 좀 해 보다'라는 뜻이야.
> 그리고 let me는 '내가 ~할게'라는 뜻이니까, Let me give it some thought.는
> "내가 생각 좀 볼게요."라는 뜻이지. I will consider it.이라고도 말할 수 있어.

😊 **Would you like to speak at the meeting?**
회의에서 발표할래요?

😠 **Let me give it some thought.** = **I'll consider it.**
생각 좀 해 보고요. (consider 고려하다)

😊 **I think you'd do great.** *아주 잘하다*
아주 잘할 것 같은데요.

😠 **I'll let you know.** 생각해 보고 발표할지 말지 알려 주겠다는 뜻
나중에 말씀드릴게요.

➕ **I'll mull it over.** 잘 생각해 볼게요.
　　mull ~ over　~에 대해 숙고하다, 곰곰이 생각하다

> be on the same page는 '같은 생각이다, 동의하다, 마음이 맞다'라는 뜻이야.
> 그리고 make sure는 '확실하게[반드시] ~하게 하다'란 뜻이지.
> 결국 아래 문장은 "모두가 같은 생각인지 확실하게 합시다."란 말이네.
> 회의 중에 이런 말을 한다? 참석자들에게 강력하게 동의를 요청하는 거야.

Just make sure we're all on the same page.

다들 같은 생각인지 확실히 합시다.

- **One more thing to add.**
  하나만 더요.
- **What's that?**
  뭔데요?
- **Just make sure we're all on the same page.**
  다들 같은 생각인지 확실히 합시다.
- **Of course.**
  당연합니다.

= **Make sure everyone agrees.**

✦ **make sure**
확실하게[반드시] ~하게 하다

✦ **be on the same page**
같은 생각이다, 동의하다, 마음이 맞다

Check that everyone is on the same page. 다들 동의하는지 확인하세요.
I want everyone to agree on this. 모두 이 문제에 동의하면 좋겠어요.

Ⓐ Hi! How can I help you? 안녕하세요! 어떻게 도와드릴까요?
Ⓑ I have a meeting with Sue. 수 씨랑 미팅이 있습니다.
Ⓐ Your name? 성함이?
Ⓑ **I'm Roy from Human Resources.** 인사팀의 로이라고 합니다.

- I work in Human Resources. 저는 인사팀에서 일합니다.
  '~에서 일한다'고 할 때, work for + 회사, work in + 부서

Ⓐ Hi, I'm Stella. 안녕하세요, 스텔라라고 합니다.
Ⓑ Hey! **Are you new here?** 안녕하세요! 신입이세요?
Ⓐ Yeah. It's my first day. 네. 오늘이 첫날입니다.
Ⓑ **Can I show you around?** 안내해 드릴까요?

- Are you new here? 여기 처음이세요?
- show 사람 around ~에게 안내해 주다, 보여 주다

Ⓐ **You got a new job?** 너 새 직장 구했다고?
Ⓑ Yes. 응.
Ⓐ Why? 왜 옮겼어?
Ⓑ **This job pays me a lot more.** 이 직장이 월급을 훨씬 더 많이 주거든.

- get a job 직장을 구하다
- I make more money here. = This job pays better. 이 회사가 급여가 더 많아.

+PLUS

Ⓐ Do you have a job? 회사 다니니?
Ⓑ **I work two part time jobs.** 아르바이트 두 개 해.
Ⓐ Are they good jobs? 괜찮은 일들이야?
Ⓑ I think so. 그렇다고 생각해.

- I work two part time jobs. = I have a couple (of) part time jobs.

Ⓐ Where are you working? 요즘 어디서 일해요?
Ⓑ **I'm between jobs.** 지금 구직 중이에요.
Ⓐ Where have you applied? 어디 지원했는데요?
Ⓑ Everywhere. 여기저기 다요.

- be between jobs : 이전 직장과 다음 직장 사이에 있다, 즉 현재 직장이 없는 상태(unemployment) 임을 에둘러 표현하는 말
- apply 지원하다, 신청하다

Ⓐ **Are you taking notes?** 적고 있어요?
Ⓑ I'm trying. 그러려고 하는 중이에요.
Ⓐ Are you getting everything? 다 받아 적고 있어요?
Ⓑ **Could you please speak slower?** 좀 더 천천히 말해 줄래요?

- take notes 적다, 메모하다
- 친구나 친한 동료에게는 간단히 Slow down!(좀 천천히!) Don't talk so fast, Okay?(너무 빨리 말하지 마, 응?)

Ⓐ **I think we should wrap this up tomorrow.** 이건 내일 마무리하는 걸로 하죠.
Ⓑ That's fine with me. 저는 괜찮습니다.
Ⓐ **Does that work for everyone?** 다들 괜찮을까요?
Ⓑ That will work great. 괜찮을 겁니다.

- wrap ~ up (합의, 회의 등을) 마무리 짓다
- Does that work for everyone? = Is it okay with everyone?
  = Is everyone good with that?

Ⓐ Does anyone have anything to say? 하실 말씀 있는 분 계세요?
Ⓑ Excuse me. **May I add something?** 저기요. 한 가지 덧붙여도 될까요?
Ⓐ Sure. What's up? 그럼요. 뭔가요?
Ⓑ I have a question about the diagram. 그 도표에 대해 질문이 있습니다.

- 좀 더 공손하게는 I'd like to add something. 이나 Is it okay if I add something?
- diagram 도표, 도해

Ⓐ Did you understand my directions? 내 지시 사항을 이해했어요?
Ⓑ **I'm having difficulty following.** 따라가기가 좀 힘드네요.
Ⓐ Want me to write them down for you? 적어 줄까요?
Ⓑ That would be great. 그래 주시면 정말 좋겠습니다.

- directions 지시 사항, 안내 사항, 길 안내
- have difficulty 동사-ing ~하는 게 힘들다, ~하느라 고생하다

> Do you deliver?는 배달하느냐고 묻는 거니까 우리말로는 "배달되나요?"가 자연스럽지. 우리나라는 배달로 음식 주문을 많이 하고, 어떤 가게는 무료 배달도 해. 그런데 미국에서는 배달비가 비싸. 그래서 인터넷이나 전화로 주문한 다음에 매장으로 가서 받는 포장(carry-out, pick-up) 시스템이 일반적이야.

Do you deliver?

배달되나요?

😊 **Do you deliver?** (배달하다)
배달되나요?

😠 **No, we don't.**
배달은 안 하는데요.

🌼 **take it to go, to go**
(가게에서 음식을) 포장해 가다

😊 **I'll take it to go then.** ⇒ 바로 이어서 이렇게 물을 수 있음
그럼 포장해 갈게요.   **How long will it be?** 얼마나 걸릴까요?
                        (be 자리에 take를 써도 됨)

😠 **It'll be ready in 10 minutes.**
10분 정도 걸릴 거예요.   🌼 **in 시간** (미래의 의미에서) ~ 후에

What can I get you? 뭘 드릴까요?
가게 직원이 주문 전화를 받을 때 하는 말

For delivery, please. 배달해 주세요.
delivery 배달, 출산, (연설 등의) 전달

I have a coupon.

쿠폰이 있어요.

식당에 가서 먹을 때는 할인 쿠폰을 쓸 수 있는 경우가 거의 없는데, 배달시켜 먹을 때는 쿠폰을 쓸 수 있는 경우가 많지. 배달업체나 식당들이 다양한 쿠폰을 발행하기 때문이야.

I have a coupon. = **Here's a coupon.**
쿠폰이 있어요.

What's it for? 직역하면 "무얼 위한 건가요?" 여기서는 어떤 쿠폰인지 물어보는 것
무슨 쿠폰인가요?

Half off. 반값인(=50% off)
50% 할인 쿠폰요.

I'll take that off your bill. (식당의) 계산서
계산서 금액에서 50% 할인해 드릴게요.

  take A off B B에서 A를 빼다

➕ **Do you take coupons?** (직원에게) 쿠폰 받으세요?

식당 대기 시간과 관련해서 How long will it be?(얼마나 걸릴까요?)처럼 다소 어려운 문장을 외웠을지도 몰라. 그런데 아주 쉬운 표현이 있어. What is the wait time? 혹은 How long is the wait? 둘 다 너무 간단하고 쉽지?

What is the wait time?
대기 시간이 얼마나 되죠?

대기 시간

- **What is the wait time?** = **How long is the wait?**
  대기 시간이 얼마나 되죠?
- **A half hour.**
  30분요.
- **That's not bad.**
  그렇게 길지 않네요.
- **Can I get your name?**
  고객분 성함이 어떻게 되세요?

A **Can I get a table?** 자리 있나요?
B **We have a wait right now.** 지금은 대기가 있어요.
A **How long is the wait?** 얼마나 기다려야 하나요?
B **Roughly one hour.** 대충 1시간요.
A **Oh, my...** 이런...

A table for two.

두 명 자리 부탁합니다.

> 여러 번 강조했듯이 네이티브는 쉽고 짧은 영어로 말해.
> 식당에 들어가서 두 명 자리를 달라고 말할 때도 이렇게 간단히
> A table for two.라고 하지. 괜히 We'd like to have a table for two people.
> 이라고 말하려고 하지 말고 이렇게 간단히 말해 봐.

🌼 **Can I help you?**
도와드릴까요?

😠 **A table for two.** two 뒤에 people이 생략됨
두 명 자리 부탁합니다.

🌼 **Right this way.**
이쪽으로 오세요.

😠 **Thank you.**
감사합니다.

> **Have you been helped?** 누가 도와드렸나요?
> 손님에게 직원의 도움을 받고 있는지 물어보는 말인데, 아직이라면 Not yet.이라고 답하면 됨.

유명한 맛집에는 대기 명단(wait list)이 있기 마련이야.
put ~ on the list가 '~를 목록[명단]에 올리다'라는 뜻이지.
이 문장 앞에 Would you나 Can you를 넣어서 좀 더 정중하게 물어도 돼.
이렇게 말하면 식당 직원이 이름을 물어보거나 I'll add you.라고 말할 거야.

Put me on the wait list.

대기 명단에 올려 주세요.

- **How long is the wait?** *([명] 기다리기, 기다리는 시간)*
  대기 시간이 얼마나 되죠?
- **About 20 minutes.**
  20분 정도 됩니다.
- **Put me on the wait list.** *(대기 명단)*
  대기 명단에 올려 주세요.
  좀 더 정중하게, **Can you add me to the wait list?**
- **What's your name?**
  성함이 어떻게 되세요?

> A **It's going to take forever.** (줄이 안 줄어들 때) 평생 기다려야겠다.
> B **It moves fast.** (그래도) 줄이 빨리 줄어드네.

Is a drink included?

음료는 포함된 건가요?

> **A drink is included.**(음료가 포함되어 있다.)의 의문문 버전.
> 나는 패스트푸드점이나 레스토랑에서 세트 메뉴(Combo)나 Lunch Special 같은 걸 주문하는 게 좋아. 가격을 따로 계산할 필요도 없고, 저렴한 편이거든. 어쨌든, 메뉴에 음료가 포함되어 있느냐고 묻고 싶을 때는 이렇게 물어보면 돼.

😊 **Can I get you a drink?**
음료 드릴까요?

😠 **Is a drink included?**
음료는 포함된 건가요?

include 포함시키다

✨ **Is the drink extra?** 라고 하면 음료는 별도인가요?

😊 **Yes, it is.**
네.

😠 **I'll have Diet Coke, please.**
다이어트 코크로 주세요.

> A **Do you charge separately for drinks?** 음료는 따로 계산해야 하나요?
> B **It's extra.** 그건 별도입니다.
> charge 값을 청구하다   separately 별도로   extra 별도 계산의, 추가의

식당에서 음식을 주문할 때 Can I get ~?은 정말 활용하면 좋은 패턴이야. 뭘 달라는 뜻이거든. two of those는 직역하면 '저것들 중에서 두 개'란 뜻이야. 진열장에 여러 개가 있을 때 손으로 가리키면서 two of those(저것 두 개), two of these(이것 두 개)라고 하는 거지. 이때 앞에 Can I get을 붙이는 거 잊지 마!

Can I get two of those? 저거 두 개 주시겠어요?

Those donuts look great! 도넛(doughnut)
저 도넛 참 맛있어 보이네요!

We made them this morning.
오늘 아침에 만들었어요.

Can I get two of those? = 짧게 I'll take two. = Two, please.
저거 두 개 주시겠어요?

Sure. Anything else?
네. 다른 건요?

+
A **I'll take some chocolate muffins.** 초코 머핀 좀 주세요.
B **How many?** 몇 개나요?
A **Two, please.** 두 개 주세요.

I'm craving chicken. 나 치킨이 너무 먹고 싶어.

네이티브는 맛이 그립거나 너무 먹고 싶은 음식이 있으면 100% 이 동사 **crave**를 써서 말해. **crave**는 '몹시 원하다, 갈망하다'라는 뜻이야. crave 뒤에 어떤 음식을 쓰면 그 음식이 정말 먹고 싶다는 뜻이 되지.

crave 몹시 원하다, 갈망하다

- I'm craving chicken.
  나 치킨이 너무 먹고 싶어.
- What kind?
  어떤 치킨?
- Chicken wings.
  닭 날개.
- Let's go get some!
  먹으러 가자!   go and get 또는 go to get에서 and나 to를 생략한 표현

That sounds great to me. 그거 정말 좋지.
누가 치킨을 먹자고 할 때 이렇게 답하면 최고!

미국 현지에서 샌드위치나 수제 버거를 주문할 때 속 재료를 이것저것 골라서
넣기가 힘들면 Everything on it.이라고 말하면 속이 편해지.
재료 '~만 넣어 주세요.'라고 말하고 싶을 때는 Just ~ on that.이라고 말하면 돼.
반대로, 어떤 재료를 빼 달라고 할 때는 No ~, please.라고 하면 되고.
No onions, please.(양파는 빼 주세요.)처럼.

Just ketchup on that. 케첩만 발라 주세요.

- **What can I get you?**
  뭘 드릴까요?
- **A cheeseburger.**
  치즈버거 하나요.

  문장으로 말한다면 **I'll have**를 써서, **I'll have a cheeseburger.**
- **Anything on it?**
  뭘 올려 드릴까요?
- **Just ketchup on that.**
  케첩만 발라 주세요.

  = **Ketchup only, please.
  No other toppings, just ketchup.**

➕ **Everything on it?** 속 재료나 소스를 이것저것 다 올려 드릴까요?

Do you have free refills? 무료 리필 되나요?

요즘 우리나라도 그렇고 세계적으로 물가가 하늘 높은 줄 모르고 치솟고 있어. 식당에서 free refill(무료 리필)은 거의 상상하기 힘든 세상이 되었어. 그래도 미국에서는 아직도 음식점과 패스트푸드점에서 무료 리필이 대부분 가능해.

> 직원이 **Do you need another soda?** (음료 한 잔 더 드시겠어요?)라고 먼저 물어볼 수도 있음.

- **Do you have free refills?** 리필(같은 음식/음료 하나 더)
  무료 리필 되나요?
- **Yes, we do.**
  네.
  > 혹시라도 **No, we don't.**라는 답이 온다면 **It's okay then.**이라고 말하면 됨.
- **Can I get another Coke?** = **I'll have another. / I'll take another one.** 하나 더 주세요.
  콜라 한 잔 더 주시겠어요?
- **Coming right up!**
  바로 갖다 드릴게요!

Can you refill this? 이거 리필해 주실 수 있나요?
Do you charge for refills? 리필하는 데 돈 받으세요?

같이 맛있는 걸 먹고 돈은 내가 내겠다고 말하고 싶을 때 영어로는 ~ is on me. 라고 해. 내가 그런 말을 듣게 된다면 그냥 Thank you.라고 하기보다는 You're so nice. 아니면 That's so nice of you.라고 말해 줘.

The coffee is on me. 커피 내가 살게.

Let's stop for coffee.
커피 한잔 마시자.

I forgot my wallet.
지갑 두고 왔는데.

The coffee is on me.
커피 내가 살게.

You're so nice.
고마워.

stop for coffee[tea/a drink]
커피[차/술] 한잔하다

= I will pay for the coffee.
I'm buying coffee.

A **Can I buy you a beer?** 내가 맥주 사도 돼?
B **Sure! Thanks!** 당연이지! 고마워!
A **No problem.** 뭘 그런 걸 가지고.
B **Next time, I'll pay.** 다음엔 내가 살게.
= I'll get it next time. 또는 Next round is on me. (2차는 내가 쏠게)

I need a coffee break! 커피 마시면서 잠깐 쉬고 싶어!

coffee break는 미국에서 정말 많이 쓰는 표현이야.
일하다가 에너지를 충전하고 각성하기 위해 잠깐 커피를 마시는 시간을 말하지(a short rest from work). 그렇다면 **tea time**은?
일을 마치고 휴식과 여유를 갖는 걸 말해. 조금 차이가 있지.

- **I need a coffee break!**
  커피 마시면서 잠깐 쉬고 싶어!
- **Me, too!**
  나도!
- **Let's go get some.**
  커피 한 잔 하러 가자.
- **I'll drive.** ⇒ 카페까지 자신이 운전해서 가겠다는 말
  운전은 내가 할게.

> **Time for a coffee break!** 잠깐 커피 한잔해요!
> **Who wants coffee?** 커피 마실 사람?
> **Who wants cookies?** 과자 먹을 사람?

> 우리나라 사람들의 커피 사랑은 대단하다고 했지. 디카페인 붐도 일기 시작했어. 카페인에 부담을 느끼는 사람들을 위해 카페인을 90% 이상 제거한 커피야. 디카페인 커피는 영어로 간단히 decaf라고 해. decaffeinated coffee를 줄여서 decaf coffee라고 하고, 그걸 더 간단히 decaf라고 부르는 거지.

I'd like some decaf.
저는 디카페인으로 주세요.

친구나 동료 등 가까운 사람에게는
= **Want a coffee?, Wanna get coffee?**
커피 마실래?

- **Can I get you some coffee?**
  커피 드릴까요?

- **Yes. I'd like some decaf.** 디카페인 커피(decaffeinated coffee)
  네. 저는 디카페인으로 주세요.
  = **I'll take decaf.**

- **Coming right up!**
  바로 가져올게요!

- **Thank you.**
  고맙습니다.

A **Regular or decaf?** 일반 커피? 아니면 디카페인 커피?
　regular 보통의, 정기적인, 규칙적인
B **I drink decaf.** 나는 디카페인 커피를 마셔.

Make it a large.

라지로 주세요.

뜻을 알고 나면 너무 쉬워서 허탈한 표현이야.
큰 사이즈로 달라는 말을 간단히 Large, please.라고 해도 되지만,
이렇게 Make it a large.라고 하면 좀 있어 보이지.
네이티브적인 표현법이니까 기억해 두고 쓰자!

- **Coffee, please.**
  커피 주세요.
- **What size?**
  어떤 사이즈로요?
- **Make it a large.** = Large, please.
  라지로 주세요.
- **Okay!**
  알겠습니다!

커피에 크림은 넣지 말아 달라는 뜻이야. hold가 명령문으로 '~하지 마라, ~를 중단하라'라는 뜻으로 쓰일 때가 있어. 크림이나 설탕을 넣지 않은 **black coffee**를 좋아한다면 이 **hold**를 쓸 일이 자주 있겠지?
요즘은 얼어 죽을 추위에도 아아(Iced-Americano)를 마시는 친구들도 있더라. 나는 크림을 넣어서 마실 바에는 그냥 Latte, please.

Hold the cream.

크림은 빼 주세요.

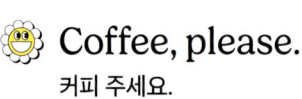

Coffee, please.
커피 주세요.

Cream or sugar?
크림? 설탕? 뭐 넣을까요?

hold (명령문으로) ~하지 마라, ~를 중단하라

Hold the cream. = **No cream, please.**
크림은 빼 주세요.

You got it.
알겠습니다.
① (의뢰나 요청에 답하여) 알겠습니다. (=Okay.)
② (당신 말이) 맞아요, 바로 그거예요.

 No cream for me. 제 것에 크림은 넣지 마세요.

Is it strong? 독해?

영어로 술이 독하다고 할 때 **strong**이라고 해. 술을 많이 마시는 사람은 **heavy drinker**야. 하지만 쉽게 **I drink a lot.**이라고 말해도 돼. 술을 별로 좋아하지 않거나 자주 마시는 편이 아닐 때는 **I'm not a big drinker**, 술이 체질에 안 맞는 편이어서 조금만 마셔도 취한다고 할 때는 **I'm a lightweight.** 또는 **I get tipsy really easily.**라고 해.

😊 **Try my drink.**
내 술 마셔 봐.

😠 **Is it strong?**
독해? (술이) 독한, 강한

😊 **No, not really.**
아니, 별로 안 독해.

😠 **That's good!**
그렇다면! 마셔 보겠다는 뜻

I'm a beer drinker. 난 맥주가 좋아.
I'm into wine. 나는 와인에 빠져 있어.
I do not like the hard stuff. 난 독한 술은 안 좋아해.

바에 가서 위스키를 시킬 때 이렇게 말하면 술이 엄청 세 보일 것 같아.
더블샷으로 달라는 말이거든. 앞에 나온 Make it a large.(라지로 주세요.) 같은
네이티브적인 표현이야. 옆에서 "같은 걸로 주세요."라고 할 때는
I'll have the same.이나 I'll have the same thing.이라고 말할 수도 있겠지만,
간단히 Make it two, please.라고 해 봐.

Make it a double.

더블로 주세요.

- Want a shot? *보드카나 위스키 같은 독한 술의 소량 또는 한 잔*
  한 잔 마실래요?
- Sure. What is it?
  네. 무슨 술이에요?
- Vodka. *술을 진하게[세게] 해 달라고 주문할 때는* **Make it strong**.
  보드카예요.
- Make it a double.
  더블로 주세요.

Make it a double.

+ **I'll take two shots.** 저는 투 샷으로 하겠습니다.
  Bottom's up! (한 번에 한 잔을 다 마시라는) 원샷!

+PLUS

Ⓐ Do you want to wait? 너 기다릴래?
Ⓑ **The line is so long.** 줄이 너무 길다.
Ⓐ We can try somewhere else. 다른 데 가 봐도 돼.
Ⓑ Let's go. 가 보자.

- Are you in line? = Are you on line? = Are you waiting? 줄 서신 건가요?
- Don't cut in line. 새치기하지 마세요.

Ⓐ **Can I get a menu?** 메뉴판 좀 주실래요?
Ⓑ Sure. Here you go. 네. (메뉴판을 주면서) 여기 있습니다.
Ⓐ Thank you. 감사합니다.
Ⓑ You're welcome. 별말씀을요.

- Can I get a menu? = I'd like a menu. = Menu, please.

"주문하고 싶어요."

① 전화로 주문할 때 직원에게
   I need to place an order.

② 식당에서 직원에게 직접 주문할 때
   I'm ready to order. = I'd like to order. (place an order라고 하지 않음)

Ⓐ **What do you recommend?** 추천하시는 메뉴가 뭐예요?
Ⓑ **The fries are amazing!** 감자튀김이 아주 맛있습니다!
Ⓐ **I'll try some.** 그거 먹어 볼게요.
Ⓑ **Coming right up.** 바로 갖다 드릴게요.

- I'll taste it. 그거 먹어 볼게요.
- I've never had that before. 그거 한 번도 안 먹어 봤는데.

Ⓐ **What are the lunch specials?** 런치 스페셜은 뭔가요?
Ⓑ **Here's a list of our specials.** 여기 저희 런치 스페셜 목록입니다.
Ⓐ **Can I have a minute to decide?** 잠깐 보고 결정할 수 있을까요?
Ⓑ **Sure. I'll come back.** 그럼요. 다시 오겠습니다.

- 상대적으로 저렴한 lunch special 메뉴와 반대로 (chef's) special은 비싼 메뉴일 수 있으니 조심!
- have a minute to V 잠깐 ~하다

Ⓐ **I'll take a number 4 meal.** 4번 세트로 할게요.
Ⓑ **For here or to go?** 여기서 드시겠어요, 아니면 포장하시겠어요?
Ⓐ **To go, please.** 포장할게요.
Ⓑ **Coming right up.** 바로 갖다 드릴게요.

- I'll take a number 4 meal. = A number 4, please. = I'll have the number 4.
- for here 매장에서 먹는 것   to go 포장해 가는 것

Ⓐ **Why isn't the kiosk working?** 키오스크가 왜 작동이 안 되죠?
Ⓑ What's wrong? 무슨 문제라도 있나요?
Ⓐ It's frozen. 멈춰 버렸어요.
Ⓑ Let me help you. 제가 도와드릴게요.

- kiosk 식당이나 카페 등의 무인 주문기   frozen (기계가) 멈춘, 정지된

Ⓐ Can I get you anything else? 필요한 게 더 있으신가요?
Ⓑ **Check, please.** 계산서 부탁합니다.
Ⓐ Here you go. 여기 있습니다.
Ⓑ Thanks. 감사합니다.

- Check, please.라고 말했을 때 Here you go. 외에 들을 수 있는 말들 :
  Let me get that for you. 갖다 드릴게요.
  Be right back. 금방 갖다 드릴게요.

Ⓐ Thanks for the drink. 술 고맙다.
Ⓑ No problem. 별게 다 고맙네.
Ⓐ I like this place. 여기 마음에 드네.
Ⓑ **This is my favorite hangout.** 여긴 내가 제일 좋아하는 단골집이야.

- hangout 단골로 가는 곳

+PLUS

Ⓐ **Let's grab a coffee.** 커피 마십시다.
Ⓑ **There's a Starbucks near here.** 여기 근처에 스타벅스 있는데.
Ⓐ **That's perfect.** 그거 잘됐네요.
Ⓑ **Let's go!** 갑시다!

- grab a coffee 커피를 마시다 (grab은 eat이나 drink의 뜻으로 자주 쓰임)

Ⓐ Can I get you something? 뭘 드릴까요?
Ⓑ **I'll have coffee.** 커피 주세요.
Ⓐ Any cream or sugar? 크림이나 설탕 넣을까요?
Ⓑ **No cream or sugar.** 크림이나 설탕은 넣지 마세요.

- I'll have the dark roast. 다크 로스팅 원두커피로 하겠습니다.

Ⓐ What can I get you? 뭘 드릴까요?
Ⓑ **Iced coffee for me.** 아이스커피 주세요.
Ⓐ Flavor? 향은요?
Ⓑ **Vanilla, please.** 바닐라로 할게요.

- 아이스커피는 영어로 Ice coffee가 아니라 Iced coffee
- Iced coffee for me. = Iced coffee, please. = I'd like an iced coffee.
- flavor 맛, 향미

Will you spot me?

나 좀 봐 줄래?

> 헬스클럽 같은 곳에서 이런 말을 할 수 있어.
> 운동기구를 사용하다가 사고가 날 수도 있잖아. 그런 경우를 대비해서
> 함께 운동하는 친구에게 옆에서 나 좀 봐 달라고 부탁할 때 할 수 있는 말이야.
> will 대신 can을 써서 Can you spot me?라고도 말할 수 있어.

😊 **Will you spot me?** (spot: 발견하다, 분간하다) = **Can you spot me?**
나 좀 봐 줄래?

😠 **Sure. Where?**
그래. 어디서?

😊 **On the bench press.**
벤치 프레스에서.

😠 **I'll be right there.** = **I'll be there.**
바로 갈게.

➕ **Wanna lift together?** 운동기구 같이 들래요?

키에 맞는 적정 체중이 있는데, 그걸 영어로 ideal weight라고 해.
그러니까 이 표현은 내가 딱 알맞은 체중이라는 뜻이지.
이렇게 말할 수도 있어. My weight is just perfect.
내 몸무게는 완벽하다는 거니까 딱 알맞은 체중이라는 얘기지.

I'm at an ideal weight.
난 딱 알맞은 체중이야.

work out 운동하다(= exercise)

😊 **Why are you working out?**
너 운동 왜 해?

😠 **I like to be fit.** (특히 규칙적인 운동으로 몸이) 건강한, 탄탄한
건강한 몸을 갖고 싶어서.

😊 **Are you trying to lose weight?** 몸무게를 줄이다, 살을 빼다
몸무게 줄이려고?

😠 **I'm at an ideal weight.** 이상적인, 가장 알맞은, 완벽한
난 딱 알맞은 체중이야.

= **My weight is just perfect.**
내 몸무게는 딱 적당해.
I'm fine with my weight.
난 내 몸무게에 불만 없어.

➕ **We should go on a diet.** 우린 다이어트해야 해.
go on a diet 다이어트를[식이요법을] 시작하다
be on a diet 다이어트[식이요법] 중이다

I'm on a strict diet.
다이어트를 심하게 하고 있지.

be on a diet라는 말은 알고 있을 거야. '다이어트 중이다, 식이요법을 하고 있다'라는 뜻이지. '엄격한'이라는 뜻의 strict를 diet 앞에 써서 I am on a strict diet.라고 하면 "다이어트를 심하게 하고 있어." 또는 "나 엄격한 식이요법을 하고 있어."라는 뜻이 돼.

🌼 **I'm trying to lose weight before vacation.**
난 휴가 전에 살을 빼려고 노력하고 있어.

😠 **What are you doing?**
뭘 하고 있는데?

🌼 **I'm on a strict diet.** (엄격한) = **I'm following a strict diet.**
다이어트를 심하게 하고 있지.

😠 **I hope it works.**
잘되기를 바란다.

➕ **I'm doing the keto diet. = I'm doing keto.**
난 키토 다이어트(저탄고지 식이요법)를 하고 있어.
I'm trying the keto diet.
난 키토 다이어트를 하려고 노력 중이야. (힘들지만 노력 중이라는 뜻)

미국의 델리(deli, 조리된 음식과 식료품을 파는 가게 겸 식당)나 패스트푸드점에 가면 종업원이 꼭 물어보는 게 soda는 어떤 걸로 할 것인가야.
그들이 말하는 soda는 탄산음료나 청량음료야. Coke, Sprite 같은 것들이지.
그런 것들을 미국에선 soft drink라고 하지 않고 soda라고 해.

I drink a lot of soda.
난 탄산음료를 너무 많이 마셔.

- **I drink a lot of soda.** (탄산음료, 청량음료)
  난 탄산음료를 너무 많이 마셔.
  = **I drink soda every day.**
  난 날마다 탄산음료를 마셔.
- **That's not good for you.**
  몸에 안 좋은데.
- **I know.**
  알긴 하지만.
- **You should try diet soda.**
  다이어트 음료를 마셔.

I haven't lost weight. I need to drink less soda.
몸무게가 안 줄었어. 탄산음료를 줄여야 해.

I'm very health-conscious.

난 건강에 무척 신경을 써.

conscious는 명사와 결합하여 '~를 강하게 의식하는'이라는 뜻이 돼.
health-conscious는 '건강을 무척 의식하는, 건강에 민감하고 신경을 많이 쓰는'
이란 뜻이야. 요즘 health-conscious한 사람들이 점점 늘고 있지.
내가 사는 곳에는 Life Time이란 거대한 fitness center가 있는데,
아침부터 밤까지 엄청나게 많은 사람들이 운동을 해.

I'm very health-conscious.
난 건강에 무척 신경을 써.

(명사 뒤에 결합하여) ~를 강하게 의식하는

What do you do?
(그래서) 뭘 해?

-conscious
self-conscious 남의 시선을 의식하는
price-conscious 가격을 따지는

I eat healthy and exercise.
건강에 좋은 음식을 먹고 운동도 해.

건강한, 건강에 좋은

Tell me more.
좀 더 말해 봐.

eat healthy
부사 healthily를 써야 할 것 같지만,
일상 회화에서 healthy도 부사처럼 쓰이는
일이 흔하고 자연스러움.

I am a very health-conscious person. I take (good) care of myself.
나는 건강을 엄청 신경 쓰는 사람이야. 난 나를 잘 챙겨.

+PLUS

Ⓐ What are you up to? 요즘 어찌 지내?
Ⓑ **I've been working hard.** 열심히 하고 있지.
Ⓐ On what? 뭘 열심히 해?
Ⓑ My training plan. 체력 단련 말이야.

- I've been working hard. 운동 맥락에서 말하고 있으므로 운동을 열심히 하고 있다는 뜻
- training 훈련, 체력 단련

Ⓐ **Bob gained weight.** 밥 살쪘네.
Ⓑ He eats too much. 너무 많이 먹어.
Ⓐ You should talk to him. 네가 걔한테 말 좀 해.
Ⓑ I'm not saying anything. 난 아무 말 안 해.

- gain[put on] weight 살이 찌다(↔ lose weight)
  get fat이라고 할 수도 있으나, fat은 당사자 앞에서 쓰면 절대 안 되는 아주 민감한 단어

Ⓐ I don't weigh myself. 난 몸무게 안 재.
Ⓑ How do you track progress? 진척 상황은 어떻게 확인해?
Ⓐ **I take my body profile pictures.** 바디 프로필 사진을 찍어.
Ⓑ Good idea. 그거 좋은 생각이다.

- weigh 무게를 재다, 무게가 ~이다   track 추적하다   progress 진척, 진전
- body profile picture 바디 프로필 사진, 바프

ⓐ How did you lose weight? 너 몸무게 어떻게 줄였어?
ⓑ **I've been doing intermittent fasting for 2 months.**
두 달째 간헐적 단식을 하고 있어.
ⓐ It's working! 효과가 있네!
ⓑ I love it! 너무 좋아!

- intermittent fasting 간헐적 단식

ⓐ She's so skinny! 쟤 너무 말랐어!
ⓑ **She eats like a bird.** 음식을 새 모이 먹듯 먹어.
ⓐ I think she's sick. 아픈 건 아닌지 모르겠어.
ⓑ I hope she's okay! 괜찮아야 할 텐데!

- skinny 깡마른, 비쩍 마른
- eat like a bird 소식(小食)하다, 새 모이 먹듯 먹다(↔ eat like a horse)

ⓐ How do you eat that? 어떻게 그런 걸 먹어?
ⓑ **I'm not picky about food.** 난 음식은 안 가려.
ⓐ I'd never be able to eat it! 난 그건 절대로 못 먹어!
ⓑ Oh well. I like it. 글쎄. 난 좋기만 한데.

- picky 까다로운, 까탈스러운
- I eat everything. 난 뭐든 다 먹어.
- I'll try eating anything. 난 뭐든 먹어 볼 거야.

Ⓐ **Do you count calories?** 너 칼로리 계산하니?
Ⓑ Yes, I do. 응.
Ⓐ How many do you eat per day? 하루에 몇 칼로리나 먹어?
Ⓑ 1,500 calories. 1,500 칼로리.

- count 세다, 계산하다   per day 하루에

Ⓐ I've started walking more. 나 더 많이 걷기 시작했어.
Ⓑ Why? 왜?
Ⓐ **I need to lower my cholesterol.** 콜레스테롤 수치를 낮춰야 해서.
Ⓑ Exercise will help. 운동을 하면 도움이 되겠지.

- lower 낮추다, 내리다   cholesterol 콜레스테롤

Ⓐ **I have high blood pressure.** 나 고혈압이야.
Ⓑ Have you tried eating healthy? 건강식 해 봤어?
Ⓐ I don't know where to start. 어디서 시작해야 할지 모르겠어.
Ⓑ **Try to get more veggies.** 채소를 좀 더 먹으려고 해 봐.

- high blood pressure 고혈압(↔ low blood pressure 저혈압)
- have high blood pressure 고혈압이다, 혈압이 높다
- veggie 채소(= vegetable)

It's booked.
예약이 다 끝났더라고.

I booked.와 It's booked.는 차이가 있어. 내가 예약을 했을 때는 I booked.이고 It's booked.는 예약이 다 끝났다는, 즉 매진되었다는 뜻으로, It's fully booked.나 It's booked fully.를 줄여서 말한 거야.

🌼 **I picked a new place to stay.**
묵을 곳을 새로 골랐어.

😠 **Why didn't you get our normal Airbnb?**
우리가 평소에 묵던 에어비앤비는 어쩌고? *보통의, 평범한, 정상적인, 표준의*

🌼 **It's booked.** = **It's not available.** 자리가 없어.
예약이 다 끝났더라고.　　**It's already taken.** 예약이 다 끝났어.

😠 **Bummer!**
저런!　*아쉽다는 뜻*
　　　(=That's too bad.)

➕ **Did you reserve the Airbnb?** 그 에어비앤비 예약했어?
　reserve 예약하다, (자리 등을) 따로 남겨 두다

available은 상황에 따라 다양한 의미가 돼. 콘서트 티켓이 available하다는 건 자리가 있다는 뜻이고, 숙소가 available하다는 건 남은 방이 있다는 뜻이야. 사람한테도 이 단어를 쓸 수 있는데, 어떤 사람이 available하다는 건 그 사람이 시간이 있으니 만나거나 어떤 일을 시켜도 된다는 뜻이지. 재밌는 건, 애인이 없다는 뜻도 돼!

Is it available?

예약 가능해?

- **Look at this hotel.**
  이 호텔 좀 봐.
- **Is it available?**
  예약 가능해?
- **Yeah, and it's cheap.**
  응, 그리고 저렴해.
- **Go ahead and book it.**
  어서 예약해. *어서 ~해라*

A **I really like this condo.** 나 이 콘도 정말 맘에 들어.
B **Is it on the beach?** 바닷가에 있는 거지?
A **Yeah, it's oceanfront.** 응, 바로 바다 앞이야.
B **Is it available?** 빈방이 있어?

oceanfront 바다 가까이 있는, 바다에 면한

I booked it through Airbnb.
에어비앤비를 통해서 예약했어요.

에어비앤비(Airbnb, 전 세계 숙박 공유 서비스)로 숙소 예약해 봤어?
나는 한 번 해 봤는데, 집주인이 친절하고 집도 깨끗했던 좋은 기억이 있어.
through는 '~를 통해서'란 뜻이야. book A through B는 'B를 통해 A를 예약하다'
라는 뜻이야. 위 문장에서 it은 your place를 말하는 거겠지?

~에 대해 알게 되다, ~의 존재를 알게 되다
- **How did you find out about this place?**
  이곳은 어떻게 알게 되셨어요?
  ~를 통해서
- **I booked it through Airbnb.** = I reserved it on Airbnb.
  에어비앤비를 통해서 예약했어요.
- **Did you like it?**
  맘에 드셨고요?
- **We had a great time!**
  아주 좋은 시간을 보냈어요!

이에 대한 숙소 주인의 응답
I'm glad you enjoyed your stay!
(여기 묵으며) 좋은 시간 보내셨다니 기쁘네요!

동사 hop은 '깡충깡충 뛰다'라는 뜻이야.
그래서 탈것에 껑충 뛰어올라 빠르게 타는 걸 hop in이라고 해.
누군가에게 차에 타라고 하려면 간단히 Hop in!이라고 하면 돼.
좀 더 구체적으로 Hop in my car!

Hop in! 어서 타!

- **Want me to give you a ride?**
  태워줄까?
- **Really? Are you sure it's not out of your way?**
  진짜? 너 가는 길 아닌데 괜찮겠어?
- **Yeah, no problem. Hop in!** = Get in!
  응, 전혀 문제 없지. 어서 타!   탈것에 껑충 올라타다
- **Thanks!**
  고마워!

➕ **Hop in. I will drive you home.** 어서 타. 집에 태워다 줄게.

Can you drop me off here please?

여기에서 내려 주시겠어요?

---

drop ~ off는 '(사람을) 내려 주다'라는 뜻이야.
택시나 우버, 그랩을 타고 가다가 여기에서 내려 달라고 하려면 이렇게 말하면 돼.
여기서 off 발음에 신경 쓰기! 발음 기호를 적어 줄게. off [ɔːf]
o의 발음이 '오'가 아니야. '어ː' 장음에다 끝에 /f/ 발음까지 이번에 연습하자!

---

drop 사람 off (사람을) 차로 내려 주다

🌼 **Can you drop me off here please?**
여기에서 내려 주시겠어요?

= 좀 더 간단히 let me off로 표현할 수 있음.
Let me off here, **please**. 여기에서 내릴게요.

☕ **Are you sure?**
정말요?

🌼 **I can walk the rest of the way.**   남은 거리
남은 거리는 걸어갈 수 있어요.

☕ **Okay.**
알겠습니다.

➕ **This is good.** 여기가 좋습니다.
내릴 장소로 여기가 좋다는 뜻

해외여행 중에 운전자에게 방향을 알려 줄 때 쓸 수 있는 말이야. 동사 head는 '(~ 방향으로) 가다'라는 뜻이 있어. 그리고 turn left/right는 '좌회전/우회전하다'라는 뜻이지. 그러니까 이 문장은 "남서쪽으로 가다가, 그다음에 좌회전해 주세요."란 뜻이야. 요즘은 지도앱이 발달했으니 이런 문장 안 쓸 것 같지? 그래도 언젠가 필요할지 몰라!

Head southwest then turn left.

남서쪽으로 가다가 좌회전하세요.

Do you know how to get there?
(택시 기사) 그곳에 어떻게 가는지 아세요?

Head southwest then turn left.
남서쪽으로 가다가 좌회전하세요.

좌회전하다(↔turn right)

Gotcha. = I got you. / I've got you.
알겠습니다.

head ~ 방향으로 가다[향하다]

I'll show you where to turn.
어디서 꺾으면 되는지 알려 드릴게요.

뒤에 left 생략

Ⓐ **Pull over right over there, please.** 바로 저쪽에 세워 주세요.
Ⓑ No problem. 알겠습니다.
Ⓐ **Can you pull up behind that car?** 저 차 뒤에 세워 주시겠어요?
Ⓑ Will do! 그럴게요!

- pull over 차를 세우다[대다]   pull up (차량이나 운전자가) 멈추다, 서다
- Just pull over there. 저쪽에 세워 주세요.
- Over there is good. (차를 세우기가) 저쪽이 좋네요.

Ⓐ **Are you speeding? Slow down!** 너 과속하는 거야? 속도 줄여!
Ⓑ Why? 왜?
Ⓐ **Speed camera ahead.** 과속 단속 카메라가 앞에 있어.
Ⓑ I'm glad you saw that! 네가 봐서 다행이다!

- speed 질주하다, (자동차가) 속도를 위반하다   slow down 속도를 늦추다
- ahead (공간·시간상) 앞에, 앞으로

Ⓐ **What exit do you need?** 어느 출구로 나가야 해?
Ⓑ **Take exit 30 for Davidson College.** 30번 출구로 나가면 데이비드슨 대학이야.
Ⓐ **Then where?** 그다음에는 어디로?
Ⓑ **I'll tell you where to turn.** 어디서 꺾는지 알려 줄게.

- exit (한 도로에서 다른 도로로 연결되는) 출구   take exit [숫자] for ~로 가는 …번 출구로 나가다

+PLUS

Ⓐ In 200 feet, make a U-turn. 200피트 전방에서 유턴해.
Ⓑ **Isn't it illegal to make a U-turn there?** 거기서 유턴은 불법 아니야?
Ⓐ No, it's legal there. 아니야, 거기선 합법이야.
Ⓑ Okay. I'll do it. 오케이. 유턴할게.

- Make a U-turn up there. = Turn around up there. 저기서 유턴해.
- make a U-turn 유턴하다   illegal 불법적인(↔ legal 합법적인)

Ⓐ We should be getting close. 거의 다 온 것 같다.
Ⓑ **What do the directions say?** 내비에선 뭐라고 하는데?
Ⓐ "Your destination is on the left." "목적지가 왼쪽에 있습니다."
Ⓑ **There it is!** 저기다!

- get close 가까워지다   destination 목적지, 도착지
- There it is! = It's right up there!

Ⓐ **Which way do I go?** 어느 길로 가야 하지?
Ⓑ At the roundabout, take the second exit for Seaview Lane. 회전교차로에서 두 번째 출구로 시뷰 레인으로 나가.
Ⓐ I hate roundabouts! 난 회전교차로 싫은데!
Ⓑ You're doing fine. 잘하고 있는데 왜.

- roundabout 회전[원형]교차로(원형 교통섬을 중심으로 차량이 회전하면서 통과하는 교차로)

CHAPTER 4
짧아서 효과적인 말센스

분위기를 읽고 타이밍에 맞는 말센스,
눈치와 공감이 살아 있어
긴 설명이 필요 없는 요즘 대화

직역하면 넌 이걸 못 믿을 거라는 말인데, 믿지 못할 일이 벌어졌다는 뜻이야. 조금 놀라운 소식을 전하려고 대화를 시작할 때 할 수 있는 말이지. You will never believe this!(넌 절대 못 믿을 거야!)라고 하면 더 강한 의미가 되고, Did you get the news?(너 그 소식 들었어?)도 비슷한 뉘앙스의 말이야.

You won't believe this!
무슨 일 있었는지 알아?

 You won't believe what happened!
You'll never guess what happened!

You won't believe this!
무슨 일 있었는지 알아?

What's up? 또는 **Just tell me.**
무슨 일인데? 말 돌리지 말고 그냥 말해.

I got fired. get[be] fired 해고되다 (fire 해고하다)
나 짤렸다.

You're kidding me!
농담하지 말고!

Are you kidding me?
You must be kidding!
상대의 말에 놀라움과 불신이 커서 사실인지 확인하는 말

You'll want to hear this. 이 얘기 듣고 싶을 거야, 내 말 들어 봐.
놀랍거나 흥미로운 이야기를 전할 때 할 수 있는 다른 표현

You know what?

있잖아.

뭔가 중요한 얘기를 꺼내기 전에 쓰는 말이야.
갑자기 말문을 열면서 "야, 있잖아." 하는 느낌이랑 비슷하지.
보통 이 말을 들으면 상대방도 "뭐? 뭔데?"하고 궁금해 하기 마련이야.
그래서 놀라운 소식을 말할 때나 분위기를 잡고 싶을 때 많이 써.

빛나다, 눈부시다
- **You've been glowing lately.**
  요즘 뭔가 좋아 보이네.
- **Oh, you noticed?**
  눈치챘어?
- **What's going on?**
  무슨 일 있어?

= Guess what?
- **You know what? I met someone.**
  있잖아, 나 누구 만났어.

Do you have a minute? I have some news. 시간 좀 있어? 뉴스가 있어.
I have something to share. 전할 얘기가 있어.
I've got an update. 새로운 소식이 있어.
Listen up. 잘 들어. (up이 붙으면 귀 기울여서 잘 들으라는 뜻)

> maybe가 '어쩌면, 아마'라고 불확실성을 나타내니까, 이 말은 그럴 수도 있고 그렇지 않을 수도 있다는 거야. 어떤 상황에서 긍정도 부정도 하지 않고 모호하게 말할 때 쓰면 적당해.

Maybe or maybe not.

그럴 수도 있고, 아닐 수도 있고.

- **Have you heard about the job?**
  너 그 일에 대해서 들었어?
- **Maybe or maybe not.**
  들었을 수도 있고, 못 들었을 수도 있고.
- **Don't joke around.**
  농담하지 말고. *농담하다, 장난치다*
- **I haven't heard anything.**
  아무것도 들은 거 없어.

A **I think it's gonna snow.** 눈이 올 것 같은데.
B **Maybe or maybe not.** 올 수도 있고 안 올 수도 있죠.

Where were we?

우리 어디까지 얘기했죠?

> 이 문장을 직역하면 "우리가 어디에 있었죠?"지?
> 대화를 한참 하다가 삼천포로 빠질 때가 가끔 있잖아. 그럴 때 이 말을 하면 "우리가 어디까지 얘기했죠?"라는 뜻이 되지. 장소를 나타내는 where를 써서 원래 대화 주제를 찾으려는 게 재밌지 않아? 자주 쓰는 말이니까 외워 둬.

Where were we? = **What were we talking about?**
우리 어디까지 얘기했죠?　　우리 무슨 얘기 하고 있었죠?

We were talking about sales numbers.
판매 수량에 대해 얘기하고 있었어요.　　판매 수량

That's right.
아 그렇죠.

I think we're doing well.
우리 회사는 잘하고 있는 것 같습니다.

+ **Where did we leave off?** 우리 어디서 중단했죠?, 우리 어디까지 했죠?
  leave off 멈추다, 중단하다

> 이 문장을 뜯어보면 '안 되는(not) 이유(why)가 안 보인다(don't see)'라는 말이잖아. 그러니까, "안 될 이유 없지."라는 말이야. 누가 무언가 해도 괜찮겠느냐고 묻는데, 내가 볼 때 안 될 이유도 없고 반대할 이유도 없다면 이렇게 대답하는 거지.

I don't see why not.

안 될 이유 없지요.

🔊 **Set up a meeting for tomorrow.**
준비하다
내일 회의 준비하세요.

⭐ **Is it okay if we have a lunch meeting?**
점심 먹으면서 해도 되나요?

> ✨ **Is it okay if** 주어+동사 ~해도 괜찮을까요?

🔊 **I don't see why not.** = **I don't see any reason to object.**
안 될 이유 없지요. 반대할 이유가 없지요.

⭐ **I'll set it up.**
준비하겠습니다.

I overheard that.
우연히 들었어.

> overhear는 사람들의 대화나 남이 하는 말을 우연히 듣는 걸 말해.
> 일부러 집중해서 엿듣는 건 아니야. 그렇게 엿듣는 것은 **eavesdrop**이라고 해.
> **overhear**와 **eavesdrop**은 구분하자. 이 말은 **I happened to hear that.**
> 이라고 표현할 수도 있어. 'happen to 동사원형'은 '우연히 ~하다'란 뜻.

☆ **get a bonus** 보너스를 받다

- **I think we're getting a bonus.**
  우리 보너스 받는 것 같은데.
- **I overheard that.** =
  우연히 들었어.
  - **I thought I heard that.**
    그렇게 들은 것 같아요.
  - **I heard something about it.**
    그것에 대해 뭔가 들었어요.
- **I'm excited.**
  너무 신나.

overhear 우연히 듣다
(= happen to hear)

- **It's great news!**
  좋은 소식이지!

A **I overheard Janet talking about her date plans.**
재닛이 데이트 계획을 얘기하는 걸 우연히 들었어.

B **It's exciting.** 흥미진진하군.

I feel you. 직역하면 "난 널 느낀다."인데, 무슨 뜻일까? 공감의 표시야. "네 심정 이해해."라는 뜻이지. 다른 말로 I know your feeling.이야. 그런데 여기서 잠깐! feel 뒤에 for를 넣어서 I feel for him.이라고 하면? 전혀 다른 뜻이 돼. "나는 그 사람이 불쌍해."란 뜻이야. 이건 공감이 아니라 동정하는 거지.

I feel you.

100퍼센트 동감해.

- I'm so tired.
  너무 피곤해.
- *~한 것 같아, ~한 느낌이야*
  It feels like today should be Friday.
  오늘이 금요일이었으면.
- I feel you. = I hear you. 네 마음 이해해.
  100퍼센트 동감해.
- I need more coffee.
  커피 더 마셔야겠어.

I know how you feel. 네 마음 알아.
상대방을 위로할 때 가장 많이 쓰는 영어 표현

Does it make sense to you?

이해되니?

이 문장은 내가 한 말이 이해되는지 확인할 때 쓰는 말이야.
make sense가 '의미가 통하다, 이해되다, 말이 되다'란 뜻이지.
그 뒤에 to you가 오니까, 내가 한 말이 너에게 이해되고 있는지 묻는 거지.
간단히 말해서, "내가 한 말이 이해되니?"라는 말.

의미가 통하다, 이해되다, 말이 되다

Does it make sense to you? = 간단히 **Do you get it?**
이해되니?

I think so.
그런 것 같아요.

Let me know if you have any questions.
질문 있으면 언제든 말해.

⭐ **Let me know if** 주어 + 동사
~하면 알려[말해] 줘

I'll do that.
그럴게요.

알아들었지?
Did you get that?
= **Got that?**
= **Did you hear me?**
= **Did you hear what I said?**

> I'm not sure는 '확신 못 하겠다, 잘 모르겠다', 여기에 I get it은 '내가 그걸 이해하다'니까, 이 문장은 내가 이해하는지 확신하지 못 하겠다는 말이야. 한마디로 "잘 모르겠는데요."라는 뜻이지. 장담할 수 없을 때 하는 말이야. 곧바로 Can you say that again?(다시 말해 줄래요?)이라고 말할 수 있어.

I'm not sure I get it.
잘 모르겠는데.

- **How does the plan look?**
  계획 어때 보여?
- **I'm not sure I get it.** = **Actually, I'm not following.**
  잘 모르겠는데. 사실, 이해를 못하겠어요.
- **What part is <u>confusing</u>?** 헷갈리는, 혼란스러운
  어느 부분이 헷갈리는데?
- **I don't understand the first half.**
  전반부가 이해가 안 되네. 전반(앞쪽 절반)
  (↔ the latter half 후반)

Hey, are you listening?

야, 내 말 듣고 있어?

space out이라는 재미있는 표현이 있어. 우리말로는 '멍 때리다'라는 뜻이야. Stop spacing out.이라고 하면 "멍 좀 그만 때려."란 말이지. 이렇게 멍 때리는 사람에게 Hey, are you listening?, Are you listening to me? 라고 말할 수 있겠지?

Hey, are you listening?
야, 내 말 듣고 있어?

Sorry, I got a text. 문자메시지(= text message)
미안, 문자가 와서.

Put your phone away. put ~ away ~를 치우다
폰 좀 치워라.

Sorry about that.
미안해.

A **Hey, are you listening to me?** 야, 내 말 듣고 있어?
B **Yes.** 응.
A **What did I just say?** 내가 방금 뭐라고 했는데?

> Give it to me straight.는 빙빙 돌리지 말고 단도직입적으로(straight) 말해 달라는 뜻이야. 비슷한 관용어로 Don't beat around the bush.가 있어. 숲 주변을 두드린다는 사냥 풍습에서 유래한 표현인데, 말을 빙빙 돌리지 말고 핵심을 말하라는 뜻이야.

Give it to me straight.

단도직입적으로 말해 주세요.

🎧 **I have bad news.**
안 좋은 소식이 있습니다.

⭐ **Give it to me straight.**　똑바로, 솔직하게, 곧장
단도직입적으로 말해 주세요.

Don't beat around the bush.
빙빙 돌리지 말고 핵심을 말해.
짧게는 **Just tell me. Just say it!**
그냥 말해. 말하라고!

🎧 **We're letting you go.**
당신을 내보내기로 했습니다.

⭐ **You're firing me?**
해고하시는 건가요?

✨ **let** 사람 **go** ~를 해고하다, ~를 풀어 주다

I heard you, already.

알아, 알아들었다고.

상대방이 이미 했던 말을 반복하면서 자꾸 재촉하면 조금 짜증나지? 그럴 때 이렇게 말하면 돼. 직역하면 네 말을 벌써 들었다는 것이니 "알아, 알아들었다고." 정도의 짜증 섞인 말이야. 좀 더 풀어 말하면, Yes, yes I know. I heard you the first time.(그래 알아, 알고 있다고. 처음에 말했을 때 들었어.)

What are you doing?
너 뭐 해?

Eating lunch.
점심 먹는 중.

I told you to start cleaning the kitchen.
내가 주방 청소하라고 했는데.

I heard you, already.
알아, 알아들었다고.

= **I heard you the first time.**
처음 말했을 때 알아들었어. (왜 자꾸 반복해?)

A **I need it now!** 지금 필요하다니까!
B **I heard you, already.** 알아, 알아들었다고.

> bug는 '벌레'라는 뜻으로 익숙하지만, 동사로 쓰이면 괴롭히다(bother)라는 뜻으로도 쓰여. 친구가 나에게 Stop bugging me. Leave me alone.이라고 하면 "그만 좀 귀찮게 해. 나 좀 내버려 둬."라는 뜻이니, 그쯤에서 물러나 주자.

Stop bugging me.

그만 좀 귀찮게 해.

- I need your help.
  네 도움이 필요해.
- I'm trying to do my own work.
  나 내 일 하려고 하잖아.
  - **one's own** 자신의
- Come on! Help me!
  그러지 말고! 좀 도와주라!
  - ✨ **Come on!**
    사람을 재촉할 때, 응원할 때, 부탁할 때 등 다양한 상황에서 쓸 수 있음
- Stop bugging me.
  그만 좀 귀찮게 해.
  - **bug** 괴롭히다, 귀찮게 하다

➕ **Go away.** 좀 가라, 꺼져.
Leave me alone. 날 좀 가만히 두라니까요.

Are you ignoring me?
너 나 생까냐?

사람을 앞에 두고 못 본 척하면 당하는 입장에선 정말 불쾌하지. '못 본 척하다, 무시하다', 속된 말로 '생까다'가 영어로 ignore야. 보고도 못 본 척, 듣고도 못 들은 척하는 게 ignore지. 아무리 친한 사이라도 이런 태도는 인간관계에서 정말 예의 없는 짓이야.

ignore 못 본 척하다, 무시하다, 생까다

Are you ignoring me?
너 나 생까냐?

이유가 궁금하면,
Why are you ignoring me?
너 왜 날 생까냐?

No. Why?
아니. 왜?

You won't text me back.
내 문자에 답 안 하잖아.

I lost my phone.
나 폰 잃어버렸어.

 He totally ignored me. 그 사람 날 완전 못 본 척하더라니까.

> Why do you ~?는 '왜 ~하는 거야?'인데, 조동사 would를 써서
> Why would you ~?라고 물으면 '도대체 왜 ~하는 거야?'라는 어감이 돼.
> 그러니까 Why would you say that?은 "도대체 왜 그런 말을 하는 거야?",
> "무슨 말을 그렇게 해?"라는 말이지.

Why would you say that? 도대체 왜 그런 소릴 하는 거야?

cf) **Don't say that!** 그런 말 하지 마!

Don't talk to me!
나한테 말 걸지 마!

Why would you say that?
도대체 왜 그런 소릴 하는 거야?

I'm upset with you.
너 때문에 열 받았어.

I didn't do anything wrong.
나 잘못한 거 없는데.

Why would you say something like that?
도대체 왜 그런 말을 하는 거야?
Why would you say that to me?
도대체 나한테 왜 그런 말을 하는 거야?

★ **be upset with** 사람 ~에게 화가 나다

I can't believe you said that. 네가 그런 말을 하다니 믿을 수가 없네.
Why would you do such a thing? 도대체 왜 그런 일을 하는 거야?

Never mind!

아냐, 됐어!

> 이 표현은 상황에 따라서 여러 가지 의미로 쓰이는데, 그중 하나가 말을 하려다 말고 멈추면서 "됐어, 아무것도 아냐."라고 하는 거야. 또한 누가 사과를 해 올 때 용서하는 마음으로 괜찮다고 할 때도 쓸 수 있지. 중요하지 않으니까 "신경 쓰지 마."라는 의미로 쓰이는 거야.

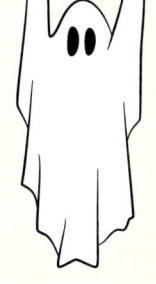

🤓 **Can I tell you a secret?**
비밀 하나 말해 줘도 돼?

⭐ **Of course you can.**
당연히 되지.

🤓 **Never mind!**
아냐, 됐어!

= **Forget it!**
① 말을 하려다 말고 그만둘 때 "됐어!"
② 별거 아니니 "잊어버려!"

⭐ **Come on!**
빨리 말해!

 "걱정하지 마!"라는 의미의 Never mind!를 대신할 수 있는 표현
Don't worry about it. 걱정하지 마.

+PLUS

Ⓐ We need to cut cost. 우리, 비용을 줄여야 해.
Ⓑ How will we do that? 어떻게 하면 될까?
Ⓐ Stop buying some things. 물건을 그만 사야지.
Ⓑ **Like what?** 예를 들면, 뭘?

- cut cost 비용을 줄이다(cost 비용, 값)
- Like who? 예를 들면, 누구?
- Like where? 예를 들면, 어디?

Ⓐ Do me a favor. 부탁 하나만 들어 줘.
Ⓑ What's that? 뭔데?
Ⓐ Can you turn on the light? 불 좀 켜 줄 수 있어?
Ⓑ **You bet!** 당연하지!

- bet이 '돈을 걸다, 도박을 하다'라는 뜻이므로 You bet!은 돈을 걸어도 될 만큼 확실하다는 뜻

Ⓐ Are you feeling okay? 너 괜찮아?
Ⓑ **What makes you say that?** 왜 그런 말을 해?
Ⓐ You look pale. 안색이 안 좋아서.
Ⓑ I'm feeling fine. 나 괜찮은데.

- What makes you say that? = Why do you say that?
- pale (얼굴이) 창백한, 핏기 없는, 핼쑥한

- Ⓐ **What was that?** 뭐라고 하셨죠?
- Ⓑ I said I have a question. 질문이 있다고요.
- Ⓐ What's up? 뭔데요?
- Ⓑ Can I have tomorrow off? 내일 하루 쉬어도 되나요?

  • What was that? ① 한밤중에 밖에서 무슨 소리가 났을 때 : What was that? Did you hear that? (뭐야? 너 저 소리 들었어?) ② 상대방이 하는 말을 못 알아들었을 때 : What was that? Did you say something? (뭐라고요? 혹시 무슨 말씀 하셨어요?)

- Ⓐ Did you say something? 뭐라고 했어?
- Ⓑ **I wasn't talking to you.** 너한테 말한 게 아니었는데.
- Ⓐ Sorry. I thought you said my name. 미안. 내 이름을 말한 줄 알았어.
- Ⓑ No, I was talking to Brian. 아니, 브라이언한테 말하고 있었어.

  • I wasn't talking to you.와 I wasn't listening.(안 듣고 있었는데) 같은 말은 무례하게 들릴 수 있는 표현이므로 조심

MP3 **162**

> familiar는 '익숙한, 친숙한'이라는 뜻이니까 You look familiar.는 "당신 낯이 익은데요."라는 뜻이야. 바로 이어서 Have we met somewhere before?(우리 전에 어디서 만난 적 있나요?)라고 말하면 영어 좀 한다는 소리를 들을 수 있지.

You look familiar.

낯이 익으신데요.

- 🎙️ **You look <u>familiar</u>.** (익숙한, 친숙한)
  낯이 익으신데요.
- ⭐ **I was just gonna say that!**
  저도 방금 그 말을 하려던 참이었어요!
- 🎙️ **How do I know you?** ⇒ 덧붙이면,
  저희가 어떻게 알까요?   **Have we met before?**
                              우리가 전에 만난 적이 있던가요?
- ⭐ **Where do you work?**
  직장이 어디세요?

YOU LOOK FAMILIAR.....

> A **You look familiar. Do I know you?** 낯이 익은데요. 절 아세요?
> B **I don't think I know you.** 전 모르겠는데요.

I'm bad with names. 내가 이름 외우는 데는 젬병이거든.

사람의 기억은 한계가 있기 때문에 한 번 만난 사람의 이름을 기억 못하는 게 그렇게 부끄러운 일은 아닌 것 같아. 다음부터 기억하려고 노력하면 되지. 이어서 I'm sorry, what was your name again?(죄송한데, 성함 좀 다시 알려 주실래요?)이라고 물어보면 돼.

- **I met a few people today.**
  오늘 사람들 몇 명 만났어.
- **Who did you meet?**
  누굴 만났는데?
- **I can't remember. I'm bad with names.**
  기억 못해. 내가 이름 외우는 데는 젬병이거든.
- **You need to work on that!**
  노력 좀 해야겠네! ~에 노력하다[애쓰다]

= **I struggle with names.**
나는 이름 외우는 게 정말 힘들어.

★ **be bad with names**
이름을 못 외우다

Did I get your name? 성함을 알려 주셨던가요?
I apologize, I forgot your name. 죄송합니다만 성함을 잊었습니다.
What did you say your name is? 성함이 뭐라고 하셨죠?
I'm forgetful! What's your name? 제가 건망증이 심해서요! 성함이 어떻게 되시죠?

+PLUS

Ⓐ That's Noah over there. 저쪽에 있는 사람은 노아예요.
Ⓑ Okay. 네.
Ⓐ And that's Liam by the bar. 그리고 바 옆에는 리암.
Ⓑ **Do you know everyone here?** 여기 계신 분들을 다 아세요?

- Is there anyone you don't know? 당신이 모르는 사람도 있어요?
- Can you tell me who that is? 저분이 누군지 알려 주실 수 있을까요?

Ⓐ **Olivia, do you know Tom?** 올리비아, 너 톰 알아?
Ⓑ No, we haven't met yet. 아니, 아직 만난 적 없어.
Ⓐ I'll introduce you. 내가 소개해 줄게.
Ⓑ That would be nice. 그러면 좋지.

- 지인을 서로 소개해 주는 표현
    Olivia, do you know Tom? 올리비아, 너 톰 알아?
    Olivia, have you met Tom? 올리비아, 너 톰 만난 적 있어?
    Olivia, can I introduce you to Tom? 올리비아, 톰한테 너 소개해도 돼?

What do you do for fun? 취미가 뭐예요?

영어로 상대방의 취미를 물을 때 hobby, hobbies라는 단어는 그만 쓰고 이제 이렇게 물어보자. 이 말을 직역하면 재미를 얻기 위해 무엇을 하느냐는 말이니 결국 "취미가 뭐예요?"란 말이지. What do you do in your free time? (여가 시간에 뭘 해요?)도 비슷한 말이야. 조금 더 있어 보이지.

= What is your hobby?
What do you do in your free time?

What do you do for fun? 재미로, 재미 삼아
취미가 뭐예요?

I like to watch movies. You?
영화 보는 걸 좋아합니다. 당신은요?

I'm a big reader. 책을 많이 읽는 사람, 책 읽기를 좋아하는 사람
저는 책을 많이 읽어요.

What kind of books do you like?
어떤 종류의 책을 좋아해요?

A **What do you do for fun?** 취미가 뭐예요?
B **I like to camp and hike.** 캠핑과 하이킹을 좋아해요.
A **Love camping? Where do you camp?** 캠핑 좋아해요? 어디서 캠핑해요?

> coffee place(커피숍)에 가면 점원이 물어보는 대표적인 질문이야.
> "커피는 어떻게 드릴까요?"란 말이지. 설탕을 넣을 건지, 크림(cream)을 넣을 건지,
> black coffee로 마실 건지, 등등.
> your 뒤에 coffee 말고 다른 주문하는 것을 넣어 물어보는 연습을 해 봐.
> How would you like your steak? How would you like your hair?

How would you like your coffee?

커피는 어떻게 드릴까요?

- **Can I get you anything?**
  뭘 드릴까요?
- **I'll have a cup of coffee.** = 간단히 **Just a coffee, please.**
  커피 주세요.
- **How would you like your coffee?**
  커피는 어떻게 드릴까요?

  ✨ **How would you like your ~ ?**
  ~는 어떻게 해 드릴까요?
- **Black, please.**
  블랙으로 주세요.

➕ **Anything in your coffee?** 커피에 뭘 넣어 드릴까요?

Have you ever bought Bitcoin before?

너 비트코인 사 본 적 있어?

전에 어떤 일을 해 본 적이 있는지 경험을 물어볼 때는 'Have you ever+ 과거분사 ~?' 이 패턴만 기억하면 돼. 비트코인 사 본 적 있는 사람에게 이렇게 물어보고 싶어. Have you used Bitcoin?(너 비트코인 써 봤어?)

- **Have you ever bought Bitcoin before?**
  너 비트코인 사 본 적 있어?

  > Have you ever 과거분사 ~?
  > ~해 본 적 있어요?

- **What's that?**
  그게 뭔데?

- **It's digital money.**
  디지털 화폐야.

- **Sounds interesting.**
  재미있네.

  sound ~하게 들리다

A **Do you know about Bitcoin?** 너 비트코인에 대해서 알아?
B **I don't know anything about it.** 아무것도 몰라.

What are you into?는 What do you like? 또는 What are you interested in? 의 뜻이야. 관심사에 대해 묻는 말이지. 요즘 뭐에 빠져 있냐는 뜻이야. 그런데 상황에 따라서는 "요즘 너 뭐 하면서 지내?"라는 의미도 돼.

What are you into these days?

요즘 너 뭐 하면서 지내?

- **What are you into these days?**
  요즘 너 뭐 하면서 지내?
- **I've been working out a lot.**
  운동 많이 해.
- **What are you doing?**
  무슨 운동 하는데?
- **Training for a marathon.**
  마라톤 훈련해.

  train for ~에 대비하여 훈련하다

A **What are you into these days?**
요즘 뭐 하면서 지내세요?
B **I've been spending a lot of time gardening.**
정원 가꾸는 일에 시간을 많이 쓰고 있지요.

Want to share a table? 합석할까?

놀기 위해 들어간 바나 클럽에서 친구를 만난다면 이렇게 같이 앉자고 말할 수 있겠지? 마음에 드는 낯선 사람을 발견했을 때도 할 수 있는 말이고. **share a table**은 가게 자리(table)를 공유하는(share) 거야.
이어서 **Let me buy you guys drinks.**(내가 술 살게.)라고 말을 보태도 좋겠지?

Hey! What are you doing here?
야! 여기서 뭐 해?

I was gonna grab a drink.
한잔하려고.

Want to share a table? = Can I sit with you?
합석할까?   Wanna sit together?

That sounds nice.
좋지.

Ⓐ **What are you doing next weekend?** 너 다음 주말에 뭐 해?
Ⓑ **I'm not sure. Why?** 잘 모르겠는데. 왜?
Ⓐ **Want to go to a concert?** 콘서트 갈래?
Ⓑ **That sounds like fun!** 그거 재미있겠다!

- Are you free next weekend? 너 다음 주말에 시간 있어?
- Do you have any plans on Saturday? 너 토요일에 무슨 계획이라도 있어?

Ⓐ **Wanna go out sometime?** 언제 놀러 갈래?
Ⓑ **I can't.** 안 돼.
Ⓐ **Why not?** 왜 안 되는데?
Ⓑ **I have a boyfriend.** 나 남친 있어.

- Wanna go out sometime? : 친구나 연인 사이에 간단히 놀러 가자는 제안
- We should go out sometime. 우리 언제 데이트 좀 해야 하지 않을까.
- Let's go out sometime. 우리 언제 놀러 가자.

Ⓐ **I was wondering if you are free for dinner tonight.**
오늘 저랑 저녁 식사 함께 할 시간 있으실까 해서요.
Ⓑ **I'm not, I'm sorry.** 오늘은 시간이 안 되네요, 미안해요.
Ⓐ **That's okay.** 괜찮아요.
Ⓑ **I'm free tomorrow though.** 하지만 내일은 시간 되는데.

- I was wondering if you are free for dinner tonight. 데이트를 신청할 때 조심스럽게
  I was wondering if ~로 물어보는 표현(wonder 궁금하다, ~일까 생각하다)
- though : 문장 끝에서는 '하지만, 그렇지만'의 의미

Are you sure?

정말요?

확실한지 묻는 말로 가장 많이 쓰는 말이 바로 Are you sure?야.
뒤에 구체적인 내용을 덧붙여서 좀 더 길게 말할 수도 있어.
Are you sure you saw him?(너 그놈 본 게 확실해?),
Are you sure you didn't do that?(네가 안 한 게 확실하다는 거지?) 등등.

- **Do you need some help?**
  도와드릴까요?
- **Are you sure?** = **Are you sure about that?**
  정말요?
- **Of course!**
  그럼요!
- **I appreciate it.**
  감사합니다.

> **Are you positive?** 확실해?
> 이에 대한 답은 Of course, I'm positive. 그럼, 확실하지.

상황에 따라서 우리말로 "정말인가요?", "진짜야?", "진심이야?", "농담하는 거 아니야?" 등으로 해석할 수 있는 말이야.
억양과 톤을 실감 나게 해야 해. Seriously?도 같은 뜻으로 자주 쓰여.

Are you serious? 진심?

- I want to ask you out.
  너랑 데이트하고 싶어.
- Are you serious?   = Seriously? = For real?
  I didn't think you felt that way!
  진심? 네가 그렇게 생각하는 줄은 몰랐네!
- Yeah, I mean it.
  응, 진심이야.
- Then yes. I'd love to hang out with you!
  그럼 그러자. 나도 너랑 노는 거 좋아!

Are you joking? 농담해? 장난해?
Are you kidding (me)? 너 농담하는 거지?
Are you fucking kidding me? 너 지금 나랑 장난하나?

I'm dead serious!

농담 아니라고!

영어에 dead라는 단어가 들어가면 무척 심각한 상황이라고 보면 돼.
I'm dead serious!는 정말 심각할 때, 100% 진심일 때,
절대 농담일 리 없을 때 하는 말이야. dead를 응용해 볼까?
I'm dead tired. 이 말은 너무너무 피곤해서 쓰러질 것 같다는 뜻이야.

(직장, 학교 등을) 그만두다
- I quit my job today.
나 오늘 직장 그만뒀어.

- Yeah right.
아, 그러세요.

완전히, 아주
- I'm dead serious! = I'm absolutely serious.
농담 아니라고! (absolutely 완전히, 전적으로)

- What? Why would you do that?
뭐? 왜 그런 짓을 했어?

I'm as serious as a heart attack. 나 진짜 진지해.
I'm telling the truth. 난 진실과 사실만을 말해.
I wouldn't joke about it. 난 그런 농담은 안 해.

MP3 **174**

> 상대방의 말을 못 알아들었을 때 다시 말해 달라고 부탁하는 말이야.
> 청력에 문제(hearing problem)가 있는 사람이 익혀 두고 활용하면
> 좋은 말이기도 하지. "뭐라고요?" 정도로 의역할 수 있어.
> 이 말을 할 땐 please를 붙여 좀 더 예의를 차려 보자.

Say that again?
뭐라고요?

- Coffee?
  커피?
- Say that again?   ⊜ **What was that?**
  뭐라고요?   (네이티브가 많이 씀)
- Would you like coffee?
  커피 드실래요?
- That would be great!
  좋죠!

다시 말해 달라고 할 때
Excuse me?
Pardon (me)?
I beg your pardon?
Can you say that again?
Can you repeat that?
What was that?

I swear! 진짜야!

"맹세해!" 자기 말이 진짜라는 걸 강조하는 말이야. 옛날에는 I swear!라고 신께 맹세한다는 말이 먹혔는데, 요즘은 I swear.라고 말하고 다니며 신의 이름을 파는 사람들이 많다 보니 신도 안 통하는 세상이 되었네.

☆ **get a divorce** 이혼하다

- **They're getting a divorce.**
  그 사람들 이혼한대.

- **Are you kidding me?**
  농담하지 말고.

- **I swear!** = **No joke!** 농담 아냐!
  진짜야!   **I'm not lying!** 거짓말 아냐!

- **I can't believe it.**
  믿을 수가 없네.

> **거짓말이 아니라는 것을 어필할 때**
>
> **I'm totally serious.** 난 완전 진지하다니까.
> **I wouldn't lie about that.** 난 그런 거짓말 안 해.
> **I wouldn't make that up.** 난 그런 얘기 지어내지 않아.
>   **make ~ up** (이야기를) 지어내다

"헐, 진짜?", "말도 안 돼!" 이런 느낌이야.
놀라운 얘기를 듣고 믿을 수 없어서 "농담 아니야?"라는 식으로 반응하는 거지.
완전 신기하거나 믿기 어려운 일이 있을 때 쓰면 적절한 말이야.

No kidding!
헐, 진짜?

win a lottery 복권에 당첨되다

- **I just won the lottery!**
  나 로또 당첨됐어!
- **No kidding! That's amazing!**
  헐, 진짜? 대박!

= **No way! Really?** 말도 안 돼! 정말?

- **I know. I still can't believe it.**
  나도 아직도 안 믿겨.
- **Let's celebrate!**
  축하하러 가자!

+ **Are you pulling my leg?** 농담이지?
  다리 잡아당기는 거 아님
  I don't buy it. 그 말 안 믿어.
  절대 직역하면 안 됨

How come? 왜?

How come?은 Why?와 같은 뜻으로, 뭔가의 이유를 묻는 말이야.
하지만 Why?보다는 좀 더 구체적인 이유를 듣고 싶을 때 쓰면 좋은 표현이야.
좀 더 구체적으로 상황을 파악하고 싶다면 Why?보다는 How come?으로 물어봐.

I'm going home.
나 집에 간다.

How come? = Why?
왜?

I'm not feeling well.
몸이 안 좋아.

feel well
건강 상태가 좋다, 컨디션이 좋다

Take care of yourself!
몸 잘 챙겨!

How come 뒤는 평서문의 어순(How come+주어+동사~?)
How come you didn't call me? 왜 나한테 전화 안 했어?
= Why didn't you call me?

MP3 **178**

> 뭔가 앞뒤가 딱 맞아떨어질 때 이런 말을 해. 친구가 갑자기 연락이 안 됐는데, 알고 보니 폰을 잃어버렸었다고 하면 "아, 그래서 그랬구나!" 이런 느낌이지. 전에는 이해가 안 갔던 일이 갑자기 이해될 때 "그거 말 되네!" 하는 느낌으로 쓰면 돼. 추리물을 볼 때, 뭔가 퍼즐이 맞춰지는 순간에도 잘 어울리는 표현이야.

That adds up.
그래서 그랬구먼.

- **He's been acting weird lately.**
  걔 요즘 이상하게 행동하더라.
  act weird 이상하게 행동하다
- **Well, he just broke up with his girlfriend.**
  음, 걔 여자친구랑 헤어졌대.
- **Oh, that adds up.** = **That's understandable.** 그거 이해되네.
  아, 그래서 그랬구먼.
- **Yeah, he's been really down.**
  응, 완전 우울해 하고 있어.
  down 기운이 없는, 우울한

➕ **It doesn't add up.** 그건 앞뒤가 안 맞아.

I can see that.

그런 것 같았어.

> I can see that.은 안 그래도 그런 것 같았다, 그래 보였다는 뜻이야.
> 예컨대 Brian just quit his job.(브라이언 직장 때려치웠대.)이라고 말하는 친구에게
> I can see that.이라고 말할 수 있을 거야. 영어 초보에게는 이런 말을 하는 게
> 머나먼 얘기 같을 수 있는데 꼭 사용해 보길!

Did you know he's on a diet?
걔 다이어트 중인 거 알았어?

I can see that. = **It was clear to me.** 난 분명히 알았어.
그런 것 같았어.   (clear 분명한, 명백한)

He's been working really hard.
진짜 열심히 하고 있더라.

He looks good. **look good**
좋아 보이더라고.   외모나 안색, 기분이 좋아 보이다

예전에 《칭찬은 고래도 춤추게 한다》라는 베스트셀러가 있었어. 칭찬의 큰 힘에 대한 책이었지. 아이가 자기가 그린 그림을 보여 주면서 어떠냐고 물어보면, It's perfect!라고 칭찬해 줘. 진짜 완벽하지 않더라도 그렇게 칭찬해 주면 아이는 신이 나서 더 열심히, 기분 좋게 그림을 그리겠지? 그게 칭찬의 힘이야.

It's perfect!
완벽해!

- I finished the painting. _{그림}
  나 그림 다 그렸어.
- Let me see.
  어디 한번 보자.
- What do you think?
  어때요?
- It's perfect!
  완벽해!
  = It's exactly what I wanted.
  바로 내가 원하던 거예요.
  (exactly에 강세를 두고 말해야 의미가 살아남)

➕ **One of a kind.** 대단해, 독보적이야.

It doesn't look right.

그냥 좀 그래서.

옷차림이 좀 기괴하거나, 어떤 일이 제대로 안 되거나 문제가 있어 보일 때 "그건 좀 아닌 것 같은데."라고 하는 말이야. I don't think it's right.라고 말할 수도 있어. "그냥 좀 그러네.", "문제 있는 듯."이라는 뜻이지.

What's wrong with your jacket?
너 재킷이 왜 그래?

What do you mean?
무슨 뜻이야?

It doesn't look right.
그냥 좀 그래서.

I think it's just a wrinkle. (주름)
좀 구겨졌을 뿐인데.

A **Are you okay?** 너 괜찮아?
B **I hurt my arm.** 팔을 다쳤어.
A **It doesn't look right.** 뭔가 잘못된 거 같아.
B **I'm going to go to the doctor.** 병원에 갈 거야.

사람들이랑 얘기하다 보면 눈을 반짝이며 내 말에 반응하는 사람에게 호감이 가게 마련이지. 이 표현은 상대방의 말에 반응을 보이는 가장 좋은 말이야. 이런 말을 적절히 사용하면서 호감 가는 대화 상대가 되자고!

Oh, that's interesting!

오, 흥미로운데!

- **Oh, that's interesting!**
  오, 흥미로운데!

  조금 더 강하게는, **That's fascinating!** 끝내준다!

- **What is?**
  뭐가?

- **I just read an article about butterflies.**
  (잡지나 신문의) 글, 기사
  방금 나비에 대한 글을 읽었거든.

- **Sounds boring to me.**
  난 말만 들어도 따분하다.
  재미없는, 지루한, 따분한
  (사람이 지루함을 느끼는 것은 bored)

+PLUS 부적절한 질문들

Ⓐ I got the job! 나 일자리 구했어!
Ⓑ **Congrats! Is the salary good?** 축하해! 급여는 괜찮고?
Ⓐ That's none of your business! 그건 네가 상관할 바 아니지!
Ⓑ Sorry. I was being nosey. 미안. 너무 오지랖 떨었네.

- none of your[my] business 네가[내가] 알 바 아닌
- nosey 오지랖을 부리는, 참견하기 좋아하는(= nosy)
- Is the salary good? = Does it pay well? 남의 월급이나 연봉을 직접 물어보는 건 실례!

Ⓐ Can I ask you something? 뭘 좀 물어봐도 될까요?
Ⓑ Sure! 그럼요!
Ⓐ **How much do you weigh?** 몸무게가 어떻게 돼요?
Ⓑ I'm not telling you that! 그건 말할 수 없죠!

- How much do you weigh? = What's your weight? 이렇게 몸무게를 물어보거나 Are you gaining weight?(요즘 살이 좀 쪘나요?)라고 묻는 것은 금지

Ⓐ Quick question for you. 빨리 물어볼 게 하나 있는데요.
Ⓑ What's up? 뭔데요?
Ⓐ **Do you make a lot of money?** 돈은 많이 버나요?
Ⓑ I don't think that concerns you. 그건 당신이랑 상관 없는 것 같은데요.

- make[earn] money 돈을 벌다   concern ~에게 관련 있다[영향을 미치다]
- Do you make a lot of money?는 금기 질문이지만, 친한 친구 사이라면 가능할지도.

Ⓐ **Who did you vote for?** 너 누구 찍었어?
Ⓑ That's none of your concern. 그건 네가 관여할 일이 아니지.
Ⓐ I was just curious. 그냥 궁금해서.
Ⓑ That's private. 비밀이야.

- vote for ~에 투표하다   concern 관심사, 관여할 일   curious 궁금한
- Who did you vote for?나 Which candidate do you support?(어떤 후보를 지지해?) 같은 정치적 질문은 민감한 주제이므로 주의할 것

Ⓐ You drive a Porsche? 너 포르쉐 몰아?
Ⓑ Yeah, why? 응, 왜?
Ⓐ **How did you afford that car?** 어떻게 그 차를 살 형편이 됐어?
Ⓑ Let's just say I work hard. 그냥 내가 열일한다고 해 두자.

- 돈이 없어 보이는데 좋은 차를 몰고 다닌다면 How did you afford that car?라고 묻고 싶을 수도 있지만, 지극히 사적이고 무례한 질문

Ⓐ You and Marie have been married for a while.
   너랑 마리는 결혼한 지가 좀 됐지.
Ⓑ Three years. Why? 3년째지. 왜?
Ⓐ **Why haven't you had any kids yet?** 왜 아이가 아직 없어?
Ⓑ Keep your nose out of it. 그런 참견은 하지 마.

- be married 결혼한 상태이다   keep one's nose out of ~에 참견하지 않다
- Why haven't you had any kids yet? 또는 Are you going to have kids? (아이는 낳을 거예요?) 등의 사적 질문은 절대 금물!

Ⓐ **Why are you still single?** 왜 아직 혼자세요?
Ⓑ **I haven't met the right person yet.** 저한테 맞는 사람을 아직 못 만났어요.
Ⓐ **You're such an amazing person.** 참 멋진 분이신데.
Ⓑ **I'll meet someone someday.** 언젠가는 누군가 만나겠죠.

- right person 꼭 맞는 사람, 이상형
- Why are you still single? 한국에서는 솔로, 영어로는 single. 이런 사적 질문도 실례

Ⓐ **Are you religious?** 종교가 있으세요?
Ⓑ **What do you mean?** 무슨 말씀이세요?
Ⓐ **Do you go to church?** 교회에 다니세요?
Ⓑ **Yes, I go every week.** 네, 매주 갑니다.

- religious 종교적인, 신앙심이 깊은
- 혹시 종교 관련 질문을 받는다면 That's none of your business.(그건 당신이 상관할 일이 아니죠.)나 That's personal.(그건 사적인 일이라서요.)이라고 답할 것
- 정치, 종교 같은 주제는 hard topic, 가능하면 영화, 여행, 요리 같은 soft topic에 대해 얘기할 것!

Ⓐ **Did you cheat on the test?** 너 시험에서 커닝했지?
Ⓑ **What? No!** 뭐? 아냐!
Ⓐ **Don't lie to me!** 거짓말하지 마!
Ⓑ **No, I didn't cheat!** 안 했다니까!

- cheat 시험에서 부정행위를 하다[커닝하다], 바람피우다
- Did you cheat on the test?는 친구에게조차도 금기시되는 질문

be up to는 '~가 결정할 일이다, ~에게 달려 있다'라는 뜻이야.
그러니까 It's up to you.는 네 마음대로 하라는 뜻이지.
앞이나 뒤에 I don't care.(나는 상관없어.)를 붙이면 자연스러워.

It's up to you.

네가 결정해.

- **What do you want for dinner?**
  저녁에 뭐 먹을래?
- **I don't care. It's up to you.**
  난 상관없어. 네가 결정해.

= **You choose.** 네가 선택해.
You decide. 네가 결정해.
You can pick. 네가 골라.

- **Wanna get a pizza.**
  피자 먹고 싶네.

☆ **be up to** 사람
~가 결정할 일이다, ~에게 달려 있다

- **Yes! That sounds great.**
  그래! 그거 좋겠네.

+ **I don't have a preference.**
난 별로 선호하는 거 없어.

Whatever you think.

네 마음대로 해.

"네가 알아서 해.", "네 생각대로 해."라는 뜻이야. 결정을 상대에게 넘길 때 쓰는데, 약간 귀찮거나 관심 없을 때도 써. 친구가 "뭐 먹을까?" 물어 볼 때 별생각이 없어서 "아무거나 네가 정해." 이런 느낌으로 쓰는 거지.

What should we eat for lunch?
점심 뭐 먹을까?

Whatever you think.
네 마음대로 해.

Okay, let's get bibimbap.
그럼 비빔밥 먹자.

Sounds good.
좋지.

상반되는 두 의미를 가진 **Whatever.**
① 긍정의 의미로 상대가 하고 싶은 대로 하라는 뜻 "좋을 대로 해."
② 짜증이 나서 그러거나 말거나 하는 뜻 "맘대로 하세요."

A **How do I look?** 나 어때?
B **I think you should change.** 옷 갈아입는 게 나을 것 같은데.
A **You're just jealous of how I look.** 너 내 모습에 질투 나서 그러지.
B **Whatever.** 맘대로 생각하세요. (부정적)

jealous of ~를 질투[시샘]하는

> 이 문장은 직역하면 "그건 정말로 문제 될 게 없다." 즉, 중요하지 않다는 뜻이야.
> 그러니까, "정말 상관없어.", "정말 중요하지 않아."란 뜻이 되지.
> 조금 완곡하고 부드럽게 이렇게 말해도 돼. I don't think it really matters.

It doesn't really matter. 정말 중요한 일 아냐.

- **Tell me what's bothering you.**
  뭐 때문에 괴로워하는지 말해 봐.
- **It doesn't really matter.** = **It's nothing.** 아무것도 아냐.
  정말 중요한 일 아냐. 중요하다, 문제가 되다 대화 중에 이런 말을 들으면 유쾌하지는 않지.
- **It matters to me.**
  나한텐 중요해. **matter to 사람** ~에게 중요하다, ~에게 상관 있다
- **I'm just upset.**
  그냥 속이 상해.

Could be. 그럴 수도 있겠네.

앞에서 상대방이 한 말을 받아서 하는 말로, "그럴 수도 있겠네."라는 뜻이야.
이 대화에서는 Is Sarah pregnant?라고 물어 보는데,
그걸 받아서 She could be pregnant.(그녀는 임신했을 수 있겠네.)라고 말한 거고,
그걸 줄여서 Could be.라고 한 거야.

아이를 가진, 임신한

- **Is Sarah pregnant?**
  사라 임신했나?

- **I don't know.**
  모르겠는데.

get bigger 점점 더 커지다

- **She looks like she's getting bigger.**
  살이 찌는 것 같아서.

- **Could be.**  **Maybe.** 어쩌면 그럴 수도.
  임신했을 수도.
  (Could be는 '그럴 수도 있고 아닐 수도 있고'지만,
  Maybe는 70~80퍼센트 이상의 가능성이 있음)

> thought는 '생각'을 뜻하는 명사. '~에 대한 생각'이라면 thought on이라고 말해.
> 즉, 이 문장은 이걸 어떻게 생각하는지 묻는 표현이지.
> What do you think about this?와 같은 뜻이야.

What are your thoughts on this?

이에 대한 네 생각은?

🎤 **What are your thoughts on this?**
이에 대한 네 생각은?

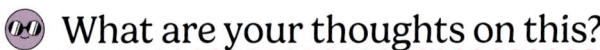 **What do you think about this?**
How do you feel about this?

⭐ **I think it's great!**
대단한 것 같은데!

🎤 **Really?**
진짜?

⭐ **I loved it.**
정말 마음에 들었어!

✨ **I think it's great!**
누군가가 의견을 물어 올 때, 적당히 긍정하고 싶더라도 이렇게 표현하면 좋아. 네이티브는 다소 과장되게 표현하는 경향이 있으니까 무덤덤하게 말하는 것보다 과장되게 말하는 게 나아!

 I'm curious about what you think. 당신 생각이 궁금합니다.

I've been thinking about something.

뭐 좀 생각하고 있었어.

누가 뭐 하냐고 물어볼 때, 그냥 "뭐 좀 생각하고 있었어."란 말 자주 하지? 이 문장이 바로 그런 뜻이야. have[has] been thinking은 과거부터 생각했고 지금도 생각하고 있다는 뜻이야. 과거부터 지금까지 쭉 생각하고 있다는 의미가 강하게 전달되는 거지.

걱정하는, 근심스러운

You look worried.
너 걱정 있어 보이는데.

= I've been contemplating something.
(contemplate 곰곰이 생각하다)

I've been thinking about something.
뭐 좀 생각하고 있었어.

What's on your mind?
무슨 생각?

on one's mind
마음에 걸리는, 신경 쓰이는

I think I'm going to quit my job.
직장을 그만둘까 해서.

➕ **I've been giving it some thought.** 그걸 좀 생각하고 있었어.
give ~ some thought ~에 대해 좀 생각하다

> 나는 share라는 단어를 좋아해. '나누다, 공유하다'라는 좋은 뜻을 가진 동사야.
> Let me라는 표현은 잘 알지? '내가 ~할게'라는 뜻이지. 그러니까 이 문장은
> "내 생각을 말해 줄게."란 뜻이야. Let me tell you what I think.와 같은 말이야.

Let me share my thoughts.

내 생각을 좀 말해 줄게.

- Hey, I looked over your work.
  야, 네가 한 작업 봤어.
- How was it?
  어땠어?
- Let me share my thoughts.
  내 생각을 좀 말해 줄게.
- Go ahead.   ① 어서 하세요.
  어서 얘기해 봐.   ② 먼저 하세요.

 Here's my opinion. (Here are my opinions.) 내 의견은 이래요.

I will keep that in mind.

명심할게.

keep ~ in mind는 직역하면 '~를 마음속에 계속 있게 하다'지. 그러니까 '~를 마음에 담아 두다, ~를 명심하다'라는 뜻이야. 이 문장도 상대방이 한 말을 잊지 않고 기억하겠다는 말로, "명심할게.", "기억할게."라는 뜻이야.

- **Wanna get dinner tonight?**
  오늘 저녁 먹을래?
- **No, I have plans already.**
  아니, 벌써 계획이 있어.
- **If your plans change, let me know.**
  혹시 계획이 변경되면 알려 줘.
- **I will keep that in mind.** = **I'll remember that.** 기억할게.
  명심할게.

  ✨ **keep ~ in mind**
  ~를 마음에 담아 두다, ~를 명심하다, ~를 유념하다

> 이 간단한 영어 문장을 우리말로 옮기면 "(알았어.) 생각해 볼게."가 적절할 거야.
> 생각해 볼 테니까 하던 얘기는 이제 그만 좀 하자는 뉘앙스지.

I'll think about it.
생각해 볼게.

- **Can I borrow your car?** (빌리다)
  네 차 좀 빌릴 수 있을까?
- **I don't know.**
  글쎄.
- **I just need it for a quick errand.**
  급한 볼일이 있어서.

  errand 심부름, 작은 볼일
  (quick errand 급한 볼일)

- **I'll think about it.** = **Let me think it through.**
  생각해 볼게. (think ~ through ~에 대해 충분히 생각하다)

+ **I'll sleep on it.** 오늘 밤 생각해 볼게.
  sleep on ~를 하룻밤 충분히 생각하다, 다음 날까지 ~에 대한 결정을 미루다

We can talk it out.

대화로 해결할 수 있어.

talk out 또는 talk ~ out은 어떤 사안을 결정하거나 문제를 해결하기 위해 '철저히 논의하다', 또는 연인이나 친구, 직장 동료 사이에 일어난 언쟁이나 분쟁을 '대화로 해결하다'라는 뜻이야. out이 아닌 through를 쓸 수도 있어. Let's talk through it. "얘기를 제대로 해 보자."

I'm leaving you.
난 떠날게.

Don't say that!
그런 말 하지 마!

All we do is fight.
우린 맨날 싸움만 하잖아.

We can talk it out.   talk ~ out 대화로 해결하다
대화로 해결할 수 있어.

We'll work it out. 우린 그걸 해결할 거야.
work ~ out ~를 해결하다

+PLUS

ⓐ I'm really worried. 정말 걱정이에요.
ⓑ What's wrong? 무슨 일인데요?
ⓐ It's silly. 좀 웃기는 일인데요.
ⓑ **Spit it out!** 말해 봐요!

- silly 바보 같은, 우스꽝스러운
- Spit it out! = Just say it!

ⓐ **Be right back!** 금방 올게!
ⓑ Where are you going? 어디 가는데?
ⓐ I need to use the restroom. 화장실 좀.
ⓑ Oh, okay. 아, 그래.

- Be right back! = I will be right back! = Be back in a second!
  = Be back in a jiffy! (jiffy = minute)

ⓐ Can I borrow some money? 돈 좀 빌릴 수 있을까?
ⓑ How much do you need? 얼마 필요한데?
ⓐ 20 bucks. I'll pay you back. 20달러. 꼭 갚을게.
ⓑ **That's for sure.** 당연히 그래야지.

- buck 달러
- That's for sure. ① 당연해요. ② 확실해요.

No offense.

기분 나쁘게 듣지는 말고.

offense는 '기분을 상하게 하는 것, 공격'을 뜻해. 그래서 그 앞에 no를 쓴 No offense.는 기분 나쁘게 할 생각은 없다, 기분 나쁘게 듣지는 마라 정도로 이해하면 돼. 직설적인 말을 하고 난 뒤에 이 말을 덧붙이면 좋지.

That doesn't look very good.
그건 별로 안 좋아 보이는데.

Why would you say that?
왜 그렇게 말해?

No offense.
기분 나쁘게 듣지는 말고.

None taken!
기분 나쁘긴!   기분 나쁘게 안 받아들였으니 괜찮다는 말

Don't take it personally. 개인적인 감정은 아니야, 기분 상했으면 미안.
(personally 인신공격적으로, 개인적으로)
I don't mean to offend you. 불쾌하게 하려는 건 아냐.
(offend 기분 상하게 하다, 불쾌하게 하다)

상대방의 이야기를 듣다가 "그다음은 어떻게 됐어?"라고 물을 때가 있지.
영어로는 What happened next?라고 세 단어만 말하면 돼.
그런데 더 짧게 두 단어로 나타낼 수도 있어. And then? 또는 What next?
짧지만 대화를 지속시키는 좋은 표현이야.

What happened next? 그다음은 어떻게 됐어?

- **I ran into my ex at the café.**
  카페에서 전 여친이랑 마주쳤어.
- **Really? No way.**
  진짜? 말도 안 돼.
- **She sat down and started talking.**
  와서 앉더니 말 걸었어.
- **What happened next?**
  그다음은 어떻게 됐어?

  = And then? = What next?
  그래서 그다음은?
  (이야기가 흥미진진하다는 느낌)

It's getting kind of late.
시간이 좀 늦었네.

하던 일이나 대화를 마무리하면서 자리를 파하고자 할 때, 형식적으로나마 이유가 필요하지. It's getting late. I have to go.라는 식으로 말이야. It's getting late.라고 해도 되지만 It's getting kind of late.라고 kind of를 넣는 게 네이티브의 느낌이지.

I think we should go.
우리 그만 가야 할 것 같다.

Yeah. It's getting kind of late.
그래. 시간이 좀 늦었네.
(kind of = 좀)

I'll get your coat.
네 코트 가져올게.

Thanks!
고마워!

We've stayed too long.
= We've overstayed our welcome.
= We've been here too long.
우리 너무 오래 있었어.
    overstay one's welcome 너무 오래 머물러서 폐를 끼치다

MP3 198

> 동사 wrap은 '포장하다'라는 뜻이지만 finish(끝내다, 마무리 짓다)의 뜻으로 쓰일 때도 있어. 특히 wrap ~ up은 '어떤 과제나 상황을 끝내거나 마무리 짓다'라는 의미야. 미국인들이 많이 쓰는 표현이니 꼭 기억해 둬.

It's time to wrap it up.

이제 마무리할 시간인데요.

✨ **be out of time** 시간이 다 되다

- **We're almost out of time.**
  시간이 거의 다 됐네요.
- **I have a few more things to say.** (몇 ~ 더)
  몇 가지 얘기할 게 더 있는데.
- **It's time to wrap it up.** = It's time to finish it up.
  이제 마무리할 시간인데요.

✨ **wrap ~ up** (어떤 과제나 상황을) 마무리 짓다

- **I'll be quick.**
  빨리 할게요.

➕ **We're short on time.** 우리 시간 없어요.
  be short on time 시간이 부족하다

Do you mind if I leave? 저 가도 될까요?

Do you mind if ~?는 '~해도 될까요?'라는 뜻이야. 패턴으로 외우면 돼.
응용해 보자. Do you mind if I leave work early today?
"오늘 좀 일찍 퇴근해도 될까요?"

Do you mind if I leave? = Mind if I leave?
저 가도 될까요? (Do you를 빼고 mind부터 물어도 됨)

No, not at all.
네, 괜찮아요.

Do you mind ~?로 물으면
대답이 긍정일 때(괜찮을 때) No로 답하기

Thanks. I'll see you tomorrow.
감사합니다. 내일 뵐게요.

Have a good night.
좋은 밤 보내세요.

Not at all.
① 전혀 아냐.
② (허락을 구하는 말에) 괜찮아.
③ (감사 인사에) 별말씀을.

+ A **Mind if I take off?** 저 가도 될까요?
  B **It's still early.** 아직 이른데요.
  take off (서둘러) 떠나다

Any problem if I leave?
내가 지금 가면 뭐 문제 있어요? (반항조)

> Is it alright if ~?는 '~해도 괜찮을까요?'라고 정중하게 허락이나 동의를 구할 때 써. 좀 더 격식 있게 말하고 싶다면 Would it be alright if ~?라고 해도 좋아. 일상 대화에서는 Is it okay if ~?도 자주 쓰니까 참고해.

Is it alright if I open the window?

창문 좀 열어도 될까요?

= Would it be alright if (좀 더 격식체) = Is it okay if (일상 대화)

- **Is it alright if I open the window?**
  창문 좀 열어도 될까요?
- **Sure, go ahead.**
  그럼요, 여세요.
- **Thanks! It was getting hot in here.**
  고마워요! 이 안이 너무 더웠거든요.
- **No problem.**
  괜찮아요.

A **Is it okay if I head home?** 나 집에 가도 돼?
B **That's fine with me.** 난 괜찮아.

Ⓐ It was nice catching up with you. 오랜만에 얘기해서 좋았어.
Ⓑ **Oh, look at the time!** 오, 시간 좀 봐!
Ⓐ Wow! I have to go. 이런! 가야겠다.
Ⓑ Drive safe! 안전 운전해!

- catch up with 오랜만에 연락해서 밀린 얘기를 나누다
- Oh, look at the time! = I can't believe the time! 시간이 벌써 이렇게 됐다니!

Ⓐ Dinner was great! 저녁 아주 맛있었습니다!
Ⓑ I'm glad you liked it. 입에 맞으셨다니 기쁘네요.
Ⓐ **May I be excused?** 일어나도 될까요?
Ⓑ Sure. 그럼요.

- May I be excused?는 양해를 구하는 정중한 표현. 편한 사이에서는 Excuse me.

Ⓐ It's kind of getting late. 시간이 좀 늦었네.
Ⓑ **We're almost done.** 거의 다 끝났어.
Ⓐ Let's finish this tomorrow. 이건 내일 끝내자.
Ⓑ Five more minutes. 5분만 더.

- be done 끝나다
- We can get it done today. 우린 오늘 걸 끝낼 수 있어. (get it done 끝내다)
- five minutes more가 아니라 five more minutes인 데 유의!

CHAPTER 5
매일 꾸준한 영어 루틴

영어 실력의 비결은 거창한 계획이 아닌
매일 영어를 말하는 꾸준함!
일상에서 자연스럽게 쓸 수 있는
요즘 회화 표현들

> 부가의문문(tag question)이 등장했어. 부가의문문도 잘 쓰면 영어 좀 한다는 소리 들을걸? 부가의문문은 상대방의 동의를 구하거나 확인하기 위해 써. Nice day, isn't it? 날씨가 좋다는 사실에 동의를 구하거나 확인하는 거야.

Nice day, isn't it?

날씨 좋네요, 그쵸?

- **Nice day, isn't it?**
  날씨 좋네요, 그쵸?
  = **What a lovely day!** 날씨 정말 좋네요!
  (감정을 실어서 말하지 않으면 조금 낯부끄러울 수 있는 표현)

- **It's beautiful!**
  정말 끝내주네요!

- **I'm enjoying the sunshine.**
  저는 광합성하고 있어요.
  enjoy the sunshine 기분좋게 햇빛을 쏘인다는 뜻

- **Me, too!**
  나도요!

+ A **It's a nice day.** 날씨 좋네요.
  B **It's perfect.** 완벽해요.
  이렇게 맞장구를 쳐주면 좋겠지?

It's been too long.

너무 오랜만이네요.

> 무척 오랜만에 만난 사이에 할 수 있는 말이야. 지난주에 만난 사람에게
> 할 말은 아니지. It's been such a long time since I met you.(당신을 만난 지가
> 정말 오래됐군요.)를 이렇게 간단하게 표현할 수 있어.

Thanks for the invite.
초대해 주셔서 감사합니다.

I'm glad you could make it. (모임 등에) 참석하다,
와 주셔서 기뻐요. (어떤 곳에) 시간 맞춰 가다

It's been too long. = Long time no see.
너무 오랜만이네요. Long time no talk.
It's been a while.

I agree.
그러게요.

좀 과장한 "오랜만이네요."

It's been such a long time.
It's been way too long.
I haven't seen you in ages.
It's been forever.

누군가가 그리울 때는 동사 miss를 써. '지금 보고 싶고 그립다'는 I miss you.나 I'm missing you. 또는 I do miss you.라고 하면 돼. 그런데 I missed you.와 I've missed you.는 조금 달라 보이지? I missed you.는 전에 보고 싶었다는 말이고, I've missed you.는 전부터 지금까지 계속 보고 싶다는 뜻이야. 보고 싶었던 사람을 마침 만났을 때 하는 말이지.

I've missed you!

보고 싶었어!

🎃 **Hey, Mike!**
안녕, 마이크!

👻 **Hey, there!**
어어, 안녕!

🎃 **It's so good to see you.**
정말 반갑다.

👻 **I've missed you!**
보고 싶었어!

✨ **missed와 have missed 비교**
I missed you while you were away.
너 없는 동안 보고 싶었어. (과거에 보고 싶었다는 말, 지금은 보고 싶지 않다는 건 아니고, 회상하는 느낌)
I've missed you since you left.
네가 떠난 뒤로 계속 보고 싶었어. (말하는 지금 이 순간까지도 보고 싶었던 그 감정이 살아나 반가움을 표현하는 것)

➕ A **I've been thinking about you.** 계속 네 생각 했어.
B **We need to get together more often.** 우리 더 자주 만나야겠다.

Ⓐ **Hello there!** 안녕하세요!
Ⓑ **Hi! How are you?** 안녕하세요! 잘 지내요?
Ⓐ **I'm well. You?** 잘 지내요. 그쪽은요?
Ⓑ **Doing great!** 아주 잘 지냅니다.

- Hello there!, Hi there!, Hey there! ① 길에서 지인을 만났을 때 ② 사교 모임 등 편안한 분위기에서 처음 만난 사람에게 ③ 이메일이나 SNS 등으로 친근하게 인사할 때
- well 건강한

Ⓐ **Hey there!** 안녕!
Ⓑ **Hi! It's John, right?** 안녕! 존 맞지?
Ⓐ **Yep. Good to see you.** 응. 만나서 반갑다.
Ⓑ **Good to see you, too.** 나도 반가워.

- It's John, right? = You're John, right?

Ⓐ **What are you doing here?** 여긴 웬일이야?
Ⓑ **Grabbing a drink. You?** 한잔하는 중. 넌?
Ⓐ **Me, too!** 나도!
Ⓑ **What a coincidence!** 어떻게 이런 우연이!

- What are you doing here?는 친한 사이에 인사를 생략하고 하는 말
- coincidence 우연의 일치
- What a coincidence! = What are the odds! 이런 우연이!

미국인들이 많이 쓰는 말이야. "앉아." 하면 Sit down.이 떠오를 텐데, 이건 약간 명령조로 들려. 대신 Grab a seat.이나 Have a seat. 또는 Take a seat.이라고 말해 봐. 편한 친구나 동료 사이에서, 고객에게도 부드럽게 쓸 수 있는 표현이야. 좀 더 공손하게 말하려면 please를 붙여 말하면 돼.

Grab a seat. 앉아.

- **Wanna drink?**
  한잔할래?
- **Sure. I'll have a beer.**
  좋지. 난 맥주 마실래.
- **Grab a seat.** = Have a seat. / Take a seat.
  앉아.
- **Thanks!**
  고마워!

grab의 다양한 의미

Let's grab a seat. 좀 앉자.
Let's grab a drink tonight. 오늘 밤 한잔하자.
Wanna grab a beer after work? 퇴근하고 맥주 한잔 어때?
Let's grab a bite before we leave. 출발하기 전에 간단히 뭐 좀 먹자.
Why don't we grab a cab? 택시 타는 게 어때?

How's the family?

가족들은 어때?

가족의 안부를 묻는 인사말이야. 여기서 질문 하나.
How's your family?와 How's the family? 이 둘의 차이점은?
How's your family?는 좀 더 공손하게 상대 가족의 안부를 묻는 말이고,
How's the family?는 좀 더 캐주얼하고 편하게 하는 말이야.

Hey, Amber!
안녕, 앰버!

Hey! What's up?
안녕! 잘 지내?

Not much. How's the family?
별일 없어. 가족들은 어때?

안부를 묻는 말에 그럭저럭 별일 없이 지낸다는 의미의 흔한 대답

= How's the family doing?

They're great.
다 잘 지내.

 How's your family? = How's your family doing? 가족들은 잘 지내세요?

지금 바쁘냐고 물을 때는 Are you busy?가 떠오르지? 그렇지만 오랜만에 만나서 "그간 바빴니?"라고 근황을 물을 때는 Have you been keeping busy?라고 하면 돼. 그에 대한 대답이 바로 (I've) Been keeping busy.야. 계속 바빴고, 지금도 바쁘게 지내고 있다는 뜻이지.

Been keeping busy. 바쁘게 지내고 있어.

- **What's new?** = **What's up?**
  잘 지내?
- **Not much. You?**
  그냥 그렇지 뭐. 넌?
- **Been keeping busy.** = **I've been keeping busy. Staying busy.**
  바쁘게 지내고 있어.
- **Same here.**
  나도 그래.

+ **It's a busy time of year.** 요즘 한창 바쁠 때야. (연중 반복되는 바쁜 기간에)

I've been better.

요즘 컨디션이 별로야.

누가 안부를 물어 왔을 때 요즘 힘들거나 컨디션이 좋지 않으면 예전만 못하다, 그냥 그렇다는 의미로 이렇게 말해. 완전히 부정적인 답변은 아니어서 상대가 그냥 넘어갈 수도 있지만, 걱정스러워서 이유를 더 물어볼 수도 있는 말이야.

🎃 **You don't look good.**
너 안색이 안 좋아.

👻 **I've been better.** = **I've had better days.**
요즘 컨디션이 별로야.

🎃 **What's wrong?**
무슨 일 있어?

👻 **I've been sick.**
그동안 아팠어.

➕ **Things aren't the best.** 상황이 좋지 않아.

MP3 210

직역하면 "난 공기 위를 걷고 있어!" 웃기지? walk on air는 아주 기분이 좋아서 들뜬 상태를 뜻해. happy를 뛰어넘는 행복한 상태야. 우리말에도 비슷한 말이 있지. 기분이 너무 좋아서 하늘을 날 것 같다고 하고, 구름 위를 걷는 것 같다고도 하잖아.

I'm walking on air! 하늘을 날 것 같아!

🎃 **You look so happy!**
너 완전 기분 좋아 보인다!

👻 **I'm walking on air!**
하늘을 날 것 같아!

🎃 **What happened?**
무슨 일 있어?

👻 **Kevin asked me to marry him.**
케빈한테 프러포즈 받았거든.

✨ **walk on air** 너무 기분이 좋아서 하늘을 날 것 같다

= **I'm thrilled!** 너무 기분 좋아!
(be thrilled 스릴을 느낄 정도로 짜릿하게 기분이 좋고 아주 신이 난다는 뜻)

➕ **I am so happy for you.** 정말 잘됐네.
상대방의 좋은 소식을 들었을 때

Late night last night?

어젯밤 늦게 잤어?

"어젯밤 늦은 밤?"이라니? 이 문장은 Did you have a late night last night? (어젯밤에 늦게 잤니?)에서 앞부분을 생략하고 간단히 표현한 거야.
밤에 늦게 자는 걸 have a late night이라고 해. 비슷한 말로 stay up late도 있어.
I stayed up late last night.(나 어제 늦게까지 안 잤어.)

 Did you have a late night last night?
Did you stay up late last night?
(have a late night = stay up late 밤에 늦게 자다)

기진맥진한, 탈진한
I'm exhausted.
나 너무 피곤해서 탈진 상태야.

Late night last night?
어젯밤 늦게 잤어?

Yes. Went to a concert.
응. 콘서트 보러 갔었거든.

Sounds like fun. **sound like** ~처럼 들리다
재미있었겠다.

아침에 피곤해 보이는 친구에게 건네는 말
You feeling ok? = Are you feeling okay? 너 컨디션 괜찮아?
You look tired. Did you get much sleep? 너 피곤해 보여. 잠은 충분히 잤니?

잘못을 저지르고 사과할 때 I didn't mean to ~라는 패턴을 쓸 수 있어. '~하려던 건 아니었다, ~할 생각은 없었다'라는 뜻이지. I didn't mean to bother you.(널 귀찮게 할 생각은 없었어.)처럼 말이야. 뒤에 동사 없이 간단하게 I didn't mean to.(그럴 생각은 아니었어.)라고 말할 수도 있어.

I didn't mean to worry you.

걱정 끼칠 생각은 없었어요.

🎃 **Where were you?**
너 어디 있었어?

👻 **I was at Jason's house.**
제이슨 집에 있었어요.

🎃 **I was worried!** 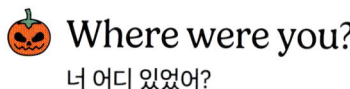 **I was worried about you.**
걱정했잖아!

👻 **I didn't mean to worry you.**
걱정 끼칠 생각은 없었어요. 걱정하게 만들다

> Can I sleep over at your place this weekend?

친구 집에서 자며 노는 것을 **sleepover**라고 해. '남의 집에서 자고 오다'는 **sleep over**.

➕ **It was a mistake. I didn't mean to hurt you.**
실수였어. 너한테 상처 줄 생각은 없었다고.

My mistake. 미안.

My mistake.나 My fault.나 My bad.는 잘못이나 실수를 인정할 때 할 수 있는 말이야. 한 가지 유의할 점이라면, My bad.는 격의 없이 친한 친구 사이에서만 쓸 수 있다는 거야. 보통은 My mistake.나 It's my mistake.라고 말하면 돼.

🎃 **You didn't tell me that.**
너 나한테 그 얘기 안 했는데.

👻 **Are you sure?**
정말?

🎃 **I'm positive.** 확신하는, 긍정적인
확실해.

👻 **My mistake.** = It's my mistake.
미안.   My bad!
         Totally my fault.
         Sorry about that.

아주 중요한 일에서 실수했을 때

➕ **I really apologize. Please forgive me.** 정말 사과할게요. 용서해요.
I won't do it again. = **It won't happen again.**
= **It'll never happen again.** 다시는 안 그럴게요.

> Apology accepted.는 친구나 가까운 동료가 잘못에 대해 사과할 때 사과를 받아 주면서 할 수 있는 말이야. 단어가 형식적인 느낌이 있지만, 그 의미는 "됐어, 괜찮아.", "그래, 용서할게." 정도야. 상황에 따라서는 장난의 뉘앙스도 있어. 평범하게 It's no problem.이라고 말해도 돼.

Apology accepted.
사과 받아 줄게.

- **I'm sorry for lying.** (lie(거짓말하다)의 -ing형)
  거짓말해서 미안해.
- **Apology accepted.** (accept(받아들이다)의 과거분사, 사과)
  사과 받아 줄게. = It's no problem. / It's not a big deal. / No biggie.
- **It won't happen again.**
  다시는 안 그럴게.
- **It better not.**
  당연히 그러지 말아야지.

+ **You're forgiven. Don't worry about it.** 너 용서했어. 걱정 마.

You don't seem like yourself.

평소 너랑 달라 보여서.

> 친구를 만났는데 표정이나 분위기가 평소와 좀 달라 보일 때 이런 말을 할 수 있어. 걱정하는 마음이 들어간 거야. seem like는 look like로 바꿔 쓸 수 있어.
> You don't look like yourself.(너 오늘 좀 달라 보인다.)

상대의 상태나 기분을 확인하는 인사말

🎃 **Is everything okay?**
너 괜찮아?

👻 **Yeah, why?**
응, 왜?

🎃 **You don't seem like yourself.** (look like)
평소 너랑 달라 보여서.   = You seem different today.

👻 **I'm a little tired.**
좀 피곤해.

You seem a little off today. = You're a little off today.
너 오늘 평소랑 좀 달라 보인다.
off에는 '떨어져서, 이탈하여'라는 뜻이 있어서 평소 상태에서 조금 벗어난 상태라는 뜻

지옥 같아 보인다니, 살벌하지? 상태가 무척 안 좋아 보인다는 뜻일 거야. 가족이나 친구, 친한 동료가 많이 아파 보이거나 피곤해 보일 때 You look like hell! 이라고 말할 수 있어. You look awful.이나 You look horrible.이라고 형용사를 써서 말할 수도 있지. 이 말은 듣는 사람이 기분이 안 좋을 수도 있으니까, 진짜 친한 사이에 걱정을 담아서 말하도록 해.

You look like hell!

너 몰골이 그게 뭐냐!

You look like hell!  (지옥)
너 몰골이 그게 뭐냐!

= **You look awful. = You look horrible.**
(awful, horrible 끔찍한)

Thanks a lot. 친구의 빈정대는 듯한 말에 대꾸해 주는 느낌
고맙다!

What's wrong?
무슨 일 있어?

I have the flu. 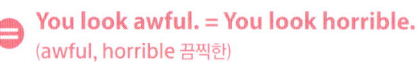 (독감)
독감에 걸렸어. (= influenza)

= **I caught[got] the flu.**

A **You look like hell. Take care of yourself!** 너 너무 안 좋아 보인다. 몸 조심해!
B **Thank you.** 응, 고마워.

What's so good about it? 뭐가 그렇게 좋은데?

나는 기분이 별로인데 옆에서 친구가 It's Friday!라고 하면서 기분이 업돼서 유난을 떨어. 그럴 때 친구에게 이런 말을 할 수 있지. "금요일인 게 뭐가 그렇게 좋은데?" 좀 부정적인 표현이지만, 우리가 언제나 좋은 말만 하고 살진 않잖아?

Good afternoon!
안녕!

What's so good about it?
뭐가 그렇게 좋은데?

부정적인(↔positive)
Why are you always so negative?
넌 왜 매사가 부정적인데?

I'm just crabby. 불평이 많은, 심술궂은
그냥 기분이 거지 같아.

There's nothing good about it. 좋은 게 뭐가 있기는 하나.
부정적인 생각으로 똘똘 뭉친 사람이 내뱉는 말

feel like는 기분을 말하고 싶을 때 쓰는 말이고 shit은 똥을 가리키니, feel like shit은 말 그대로 똥 씹은 기분이라는 뜻이야. I feel like shit.이라고만 해도 기분이 안 좋다는 건데, total shit이니 기분이 완전 꽝이란 뜻이지. 똥이나 지옥 같은 단어도 상황에 맞게 잘 쓰면 괜찮아.

I feel like total shit. 기분 완전 꽝이야.

~한 기분이 들다

I feel like total shit.  **I feel like crap.**
기분 완전 꽝이야.

What's wrong? shit 똥, 쓸모없는 것[놈], 불쾌한 상황
왜 그래?

I'm sick.
몸이 아파.

You should go home.
집에 가는 게 좋겠다.

기분이 안 좋을 때 1

I don't know. Life sucks. 몰라. 사는 게 구려.
I feel like a piece of shit. 나 기분이 진짜 최악이야.
I'm never gonna feel better. 난 절대 기분이 나아지지 않을 거야.
I'll never get better. 난 절대 나아지지 않을 거야. (아주 부정적인 뜻)

I'm so bummed.

넘 실망이야.

생일 파티에 초대를 받아서 들뜬 기분이었는데 파티가 취소됐대. 실망스럽겠지? 그럴 때 I'm so bummed.나 It's a bummer.라고 말해. 속상하고 아쉬운 마음을 나타내는 표현이지. 우리가 잘 아는 sorry, too bad, disappointed보다 더 많이 쓰이는 일상적인 표현이야.

🎃 I'm so bummed.  =  **What a bummer!** 진짜 짜증 나네!
넘 실망이야.   **It's a bummer.** 너무 아쉽다.

(실망한, 상심한)

👻 Why?
왜?

🎃 They cancelled the party.
걔들이 파티를 취소했어.

👻 Bummer.
저런.

기분이 안 좋을 때 2

➕ **I feel bad.** 기분이 좀 그래.
I feel (so) shitty. 나 기분이 진짜 안 좋아.
I feel the same. 기분이 맨날 똑같지 뭐.

> What's wrong?이 "뭐가 문제야? 뭐가 잘못됐어?"라는 뜻이잖아? 그러니까 이 말은 스스로에게 답답하면서 약간 화가 났을 때 하는 말이야. 한편, What's wrong with you?는 "넌 도대체 왜 그래?, 넌 대체 뭐가 문제야?" 라는 뜻이야. 이 말은 조심해서 써야 해. 잘못하면 싸움 나거든.

What's wrong with me?

나 왜 이래?

- **Am I the only one who doesn't like it?**
  그거 안 좋아하는 사람은 나뿐인가?
- **I think so.**
  그런 것 같은데.
- **What's wrong with me?** 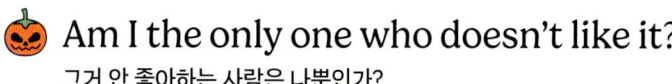 **What's the matter with me?**
  나 왜 이래?
- **Who knows!** 나도 모른다는 뜻
  (관심 없고, 대답하기 귀찮은 느낌)
  누가 알겠냐!

I have things weighing on my mind.

마음에 걸리는 것들이 있어서.

> 우리말로도 마음에 걸리는 일, 마음을 짓누르는 일이 있다고 하지?
> 이 문장이 바로 그런 뜻이야. 생각이 많고 걱정스러워서 마음이 무거운 상태지.
> There's a lot on my mind.라고도 해. 그럴 때 옆에서 Anything I can do to help?
> (도와줄 일이라도?)라고 말해 주는 친구가 있다면 말이라도 정말 고마울 거야.

🎃 **You look worried.**
너 걱정이 있어 보여.

👻 **I have things weighing on my mind.**
마음에 걸리는 것들이 있어서.

= **There's a lot on my mind.**

⭐ **~ weigh on one's mind**
~가 마음에 걸리다

🎃 **Like what?**
예를 들면 어떤 일?

👻 **Everything.**
모든 게 다.

Some days are just too much.

➕ **I'm thinking about a lot.** 난 요즘 생각이 많아.

누군가 실수했을 때 '항상 일어나는 일이니까 너무 신경 쓰지 마세요.'라는 의미로 이렇게 말할 수 있어. 또, 늘 일어나는 일이라 새롭지도, 놀랍지도 않다는 의미로도 써. 같은 뜻으로 That happens a lot.(그런 일은 자주 일어나.), That's normal.(그게 보통이지.) 등이 있어.

It happens all the time. 늘 있는 일이지.

🎃 **Google Maps is wrong.**
구글 지도가 틀리네.

👻 **What do you mean?**
무슨 말이야?

give directions 길을 알려 주다

🎃 **It gave me the wrong directions.**
길을 잘못 알려 줬어.

👻 **It happens all the time.** = That happens a lot. That's normal.
늘 있는 일이지. 항상, 줄곧, 아주 자주

Don't freak out!

놀라지 마!

freak out은 미국인들이 아주 많이 쓰는 표현이야. 소스라치게 놀라거나 기겁하거나 무척 흥분한 상태를 나타내.
Don't freak out!(너무 놀라지 마!), I'm freaking out.(진짜 기겁했네.)
You'll sure freak out.(분명 놀라 자빠질 거야.)

 I have to tell you something.
너한테 할 말이 있어.

 **Okay?**
응, 뭔데?

이런 말을 들으면 약간 불안해서서 바로
What is it?(뭔데?)이라고 물어봐야 함

 Don't freak out!
놀라지 마!

 What's going on?
뭔데 그래?

You freaked me out. 너 때문에 깜짝 놀랐잖아!
Don't freak me out! 깜짝 놀라게 하지 마!
　　freak 사람 out ~를 깜짝 놀라게 하다
He freaks out a lot. 걔는 자주 놀라서 흥분해.

> 액션영화나 전쟁영화에서 자주 나오는 말이 Hang in there.야.
> 힘들어도, 죽을 것 같아도 "버텨라, 견뎌라, 힘내라."라는 뜻이지.
> 그렇게 영화에서처럼 절박한 상황에서만이 아니라, 우리 주변에서 힘들어하는
> 사람에게도 응원의 말로 쓸 수 있어.

Hang in there.
조금만 참아.

- **You don't look very good.**
  너 안색이 별로 안 좋다.
- **I'm not feeling well.**
  몸이 안 좋아.
- **Hang in there.** *(버티다)*
  조금만 참아.

  바로 뒤에 덧붙일 수 있는 말
  It's gonna be okay. 괜찮아질 거야.
- **Thanks.**
  고맙다.

Just hang in there until payday. 월급날까지 조금만 견뎌.
Hang in there and just be positive. 긍정 마인드로 조금만 참고 버텨.

I'm not a quitter!

난 그렇게 쉽게 포기하는 사람이 아냐!

quit은 '그만두다, 중지하다'라는 뜻이야. 담배나 술을 끊는다고 할 때도 quit을 쓰지.
quit을 사람 명사로 바꾼 quitter는 쉽게 포기하는 사람을 가리켜.
이 문장은 힘들지만 쉽게 포기하지 않겠다는 뜻이야.
동사 give up을 써서 I don't give up.이라고 말할 수도 있어.

힘든, 어려운
My job is tough.
일이 힘들어.

look for ~를 찾다
Are you looking for a new job?
그래서 새 직장 찾을 거야?

쉽게 포기하는 사람
I'm not a quitter!
난 그렇게 쉽게 포기하는 사람이 아냐!

= **I don't give up.** 난 포기하지 않아.
I won't quit. 난 포기하지 않을 거야.

You're a strong person.
그래, 넌 강한 사람이야.

포기하지 말라는 응원의 말들

Keep it up!
Stick to it!
Don't give up.
Don't be such a quitter!

rock은 동사로 '흔들다'라는 뜻이지만, I'll rock this.는 "잘할 거야."라는 의미야. I'll do very well. 또는 I'll do a good job.이라고 말할 수도 있지. Let's rock it!이라고 하면 우리 잘할 수 있으니까 파이팅하자는 뜻이야.

I'll rock this.
난 잘할 거야.

 I'll rock this. (흔들다, 흔들리다, 뒤흔들다)
난 잘할 거야.

 You sound confident. (자신감 있는)
자신 있는 것 같네.

 I feel good about it.
감이 좋아.

 I know you'll do great.
넌 잘할 거야.

힘내라는 응원의 말들

Go for it!
Way to go!
Just do it!
Keep your chin up!

+PLUS

Ⓐ School has been hard. 학교생활이 힘들어.
Ⓑ What's going on? 무슨 일 있어?
Ⓐ Lots of tests. 시험이 너무 많아.
Ⓑ **Things will get better.** 나아질 거야.

- get better 나아지다
- Better times are coming. 더 좋은 시절이 올 거야.
- Things will get better from now on. 이제부터 상황이 나아질 거야.

Ⓐ I'm nervous. 나 긴장돼.
Ⓑ Why? 왜?
Ⓐ I have a presentation. 발표해야 하거든.
Ⓑ **I'm here for you.** 내가 있잖아.

- nervous 긴장한, 초조한, 신경 과민인   presentation 발표, 제출
- I'm on your side. 난 네 편이야.
- I got your back. 내가 널 도와줄게.

Ⓐ Do you think Addison's mad at me? 애디슨이 나한테 화난 것 같아?
Ⓑ No, why? 아니, 왜?
Ⓐ We had a fight. 우리 싸웠거든.
Ⓑ **It will work out.** 잘 해결될 거야.

- It will work out. = It will be okay. = It's gonna be fine.
  = Everything is gonna be okay. 잘될 거야.

Ⓐ This recipe didn't turn out very good. 이 조리법이 별로 안 좋았어.
Ⓑ What happened? 무슨 일인데?
Ⓐ The dough was sticky. 반죽이 너무 찐득했어.
Ⓑ **Give it another try.** 다시 한번 해 봐.

- turn out 결과가 ~하게 되다   dough 밀가루 반죽   sticky 끈적거리는, 찐득찐득한
- Give it another try. = Do it again. = Try again.
- Give it a try. = Give it a shot. 한번 해 봐.

Ⓐ I got the job! 나 취직했어!
Ⓑ **That's a relief!** 그거 다행이다!
Ⓐ I start next week. 다음 주부터 출근해.
Ⓑ Congratulations! 축하해!

- That's a relief! = That's such a relief! = What a relief!

Ⓐ How was the race? 달리기 시합 어땠어?
Ⓑ Not my best. 최선을 다하지 못했어.
Ⓐ **You did your best.** 넌 최선을 다했어.
Ⓑ I could've done better. 더 잘할 수 있었는데.

- 이어서 A가 해줄 수 있는 말
  There's always next time. 항상 다음 기회는 있어.
  Get it over with. 그 일은 잊어버려.
  Look on the bright side. 좋은 쪽으로 생각해.

I really hope you like this. 네 마음에 들면 정말 좋겠어.

좋은 하루 보내라고 말하고 싶을 때 I really hope you have a great day! 라고 하면 무척 예의 바른 인사가 돼. I really hope가 포인트야. 선물을 줄 때도 그냥 Here it is.라고 하지 말고 I really hope you like this.라고 말해 봐. 한결 부드럽고 다정한 말투가 돼.

🎃 **You got me a gift?**
내 선물 준비했어?

👻 **Of course I did!**
당연히 준비했지!

🎃 **Thank you.**
고마워.

👻 **I really hope you like this.**
네 마음에 들면 정말 좋겠어.

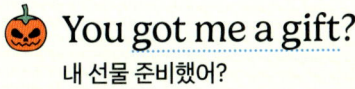
get 사람 **a gift** ~에게 선물을 사 주다
(get 사람 a drink ~에게 술을 사다)

생일이나 기념일 선물을 줄 때 상대가 **What is it?**이라고 물으면 선물이 뭔지 바로 말해 주지 말고 센스 있게 **It's a surprise!**라고 해 봐. 그러면 상대는 **I'm sure I'll love it.**(당연히 내 맘에 들 거야.)이라고 화답할 거야.

단어에 -less가 붙으면 부정의 의미로 보고 priceless를 '값어치가 없는'이라고 생각하기 쉬운데, priceless는 '값을 매길 수 없을 정도로 귀중한'이란 뜻이야. 이 문장은 직역하면 "네 조언은 값을 매길 수가 없다."야. 즉, Your advice is very helpful. Thanks a lot. 네 조언이 큰 도움이 되니 정말 고맙다는 뜻이지.

Your advice is priceless. 네 조언 정말 소중해.

- Your advice is priceless. (값을 매길 수 없는, 매우 귀중한)
  네 조언 정말 소중해.
  = **Thanks for the advice.**
  조언 고맙다.

- I'm happy to help.
  도움이 되었다니 기쁘네.
  cf) **I hope it helped.**
  도움이 되었기를 바라.

- I feel so much better.
  기분이 훨씬 나아졌어.

- I'm glad.
  다행이다.

I owe you big time. 큰 신세를 지네.

owe는 '빚을[신세를] 지고 있다'라는 뜻이고, big time은 very much의 뜻이야. 그러니까 큰 신세를 졌을 때 이렇게 말할 수 있겠지? big time은 미국적인 표현이고 친근함을 나타내. 반대로 You owe me one.이나 You owe me big time.이라고 하면 "너 나한테 빚진 거다."라고 생색을 내는 말이 돼.

🎃 **Oh no! I forgot my wallet.**
이런! 지갑을 두고 왔네.

😊 **I'll pay.**
내가 낼게.

🎃 **I owe you big time.** = very much
빚을[신세를] 지고 있다
큰 신세를 지네.

☆ 신세 진 것을 갚겠다는 뜻으로 이렇게 말할 수 있어.
I'll pay you back. 갚을게.

😊 **It's no problem.**
별것도 아닌데 뭘.

= **No, problem.**
It's not a big deal.
It's no big deal.

➕ thank보다 정중한 느낌의 appreciate

I (really) appreciate it. (정말) 감사합니다.
 appreciate 뒤에는 사람이 오지 않음에 유의. I appreciate you. ❌
Your help is appreciated.
 당신 도움에 뭐라고 감사를 드려야 할지.
I appreciate eveything you have done for me.
 저를 위해 해 주신 모든 일에 감사드립니다.

조금 도와줬더니 상대방이 Thanks for your help.(도와줘서 고마워.)라고 해. 그러면 우리는 별거 아니라며 겸양의 미덕을 발휘하지. 영어로는 간단히 It's no biggie.라고 말해. It's not a big deal.과 같은 뜻이야.

It's no biggie.

별것도 아닌데 뭐.

- **Want a beer?**
  맥주 한 잔 할래?
- **Sure. Thanks!**
  그래. 고마워!
- **It's no biggie.** 〔중요한 것[사람]〕
  별것도 아닌데 뭐.
- **Appreciate it.**
  그래도 고맙지.

= It's not a big deal.
It's no big deal.
It's no problem.
Don't worry about it.

+ A **I'd be lost without you.** 네가 없으면 난 길을 잃고 말 거야.
  B **What do you mean?** 무슨 말이야?
  A **You're always helping me.** 네가 늘 날 도와주잖아.
  B **Don't make a big deal out of it.** 오버하지 마. 진짜 별거 아니야.

+PLUS

Ⓐ **You really helped me out.** 정말 도움 많이 됐어.
Ⓑ Happy to help! 도울 수 있어서 기뻐!
Ⓐ Thanks for your time. 시간 내 줘서 고마워.
Ⓑ No problem. 별말씀을.

- help 사람 out (곤경에 처한) 사람을 도와주다

Ⓐ I appreciate your help. 도와주셔서 고맙습니다.
Ⓑ Any time. 언제든 도와드릴게요.
Ⓐ **You're the best.** 당신은 최고예요.
Ⓑ It's not a big deal. 별일도 아닌데요 뭐.

- You're the best. : 감사를 표했을 때 상대방이 You're welcome.이나 No problem. 등의 대답으로 별일 아니라고 반응하면 이렇게 말할 수 있음.

Ⓐ This looks awesome! 이거 진짜 멋지다!
Ⓑ It did turn out great. 정말 결과가 잘 나왔어.
Ⓐ **I couldn't have done it without you.** 네가 없었다면 할 수 없었을 거야.
Ⓑ No problem. 별말씀을.

- I couldn't have done it without you.
  = It wouldn't be possible without you.

Ⓐ **Thanks for everything.** 다 고맙다.
Ⓑ It's not a big deal. 별것도 아닌데 뭐.
Ⓐ **It is to me.** 나한테는 별거야.
Ⓑ That's what friends are for. 친구 좋다는 게 뭐겠어.

- Thanks for everything. = Thank you for all you do. 네가 해 주는 모든 일 고마워.
- It is to me. = It is a big deal to me. 나에게는 큰일이라는 뜻

Ⓐ I got you a gift. 네 선물 준비했어.
Ⓑ **I didn't expect anything.** 기대 안 했는데.
Ⓐ I wanted to get you something. 너한테 뭔가 주고 싶었어.
Ⓑ Thank you so much. 정말 고맙다.

- B가 이어서 할 수 있는 말
  You didn't have to get me anything. 아무것도 안 줘도 되는데.

Ⓐ What happened? 무슨 일 있었어?
Ⓑ I broke my leg. 다리가 부러졌어.
Ⓐ **If you need anything, call.** 필요한 거 있으면 전화해.
Ⓑ Thank you. I will. 고마워. 그럴게.

- Please let me know if you need anything. 필요한 게 있으면 알려 줘.
- Tell me how I can help. 내가 어떻게 도울 수 있는지 말해.

I've had it.

지긋지긋해.

상대방에게, 또는 본인이 하는 일이나 상황에 대해 참을 만큼 참았다고, 이제 지긋지긋하다고 말할 때가 있지. 그걸 영어로는 I've had it.이라고 해. I can't do this anymore.(더 이상은 못 해.)라고 말한 다음에 이렇게 말하면 찰떡궁합이야.

🎃 **What's wrong?**
무슨 일 있어?

👻 **Sara cheated on me again.**
사라가 또 바람을 폈어.

🎃 **What? I don't believe it!**
뭐? 믿을 수가 없네!

👻 **I've had it.** = **I can't take this anymore. I'm done.**
지긋지긋해.   이제 더는 참을 수가 없어, 이제 그만할래.

➕ **I've had enough. That's it.** 참을 만큼 참았어. 그만해라.

> pissed는 속어로 '완전 열 받은'이라는 뜻이야. 그러니까 I'm so pissed.는 완전 열 받았다는 말이지. 요즘 속어로 개빡친다 정도 될까? 기분이 영 아니니까 건드리지 말라는 표시야. 뒤에 off를 붙여서 I'm so pissed off.라고도 해. 이렇게 화날 때는 Calm down!하고 Take a break!해야지.

I'm so pissed!

열 받아 죽겠다!

몹시 화가 난(= pissed off)

🎃 I'm so pissed! = I'm really angry.
열 받아 죽겠다!   I'm really upset.
                   I'm so mad.

👻 What's wrong?
뭔 일이야?

🎃 I got fired.
회사에서 짤렸어.

👻 That sucks!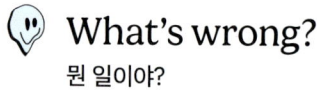
저런!

친한 사이에 씀

+ **You look upset. Are you mad at me or something?**
너 열 받아 보이는데. 너 나한테 화난 거야 뭐야?

That's horrible.

아 저런.

> horrible하면 terrible이 떠오르는데, horrible과 terrible의 차이를 볼까?
> terrible은 terror(극심한 두려움, 공포, 테러)에서 온 단어로,
> '무시무시한, 소름끼치는'이란 뜻이야. horrible은 horror(공포, 혐오)에서 왔어.
> terrible보다는 살짝 약해. '끔찍한, 지긋지긋한'이라는 뜻이지.

🎃 **How did the test go?**
시험 어땠어?

👻 **I failed.** fail (시험에) 떨어지다
떨어졌어.

🎃 **That's horrible.** 끔찍한, 지긋지긋한 = **That's awful.**
아 저런.

👻 **I don't know what to do.**
어떡하지…

A **I spilled coffee all over my laptop this morning.**
아침에 노트북에 커피 쏟았어.

B **That's horrible.**
아 끔찍하네.

MP3 **236**

flip out은 벌컥 화를 내거나 갑자기 흥분하는 걸 가리켜.
flip은 '휙 뒤집다, 휙 젖히다'라는 행동을 나타내는데, 뒤에 out이 붙어서 '확 돌아버리다'라는 의미가 됐어. lose control의 뜻이지.
be about to는 '~하려는 참이다'라는 뜻이니, 이 문장은 돌아버리기 직전이라는 뜻이 돼. 화가 나면 Take a deep breath. 일단 심호흡을 해.

I'm about to flip out. 나 완전 돌아버리기 직전이야.

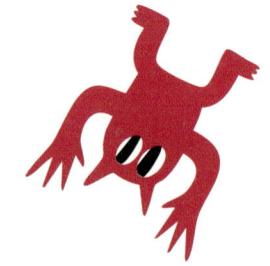

- **You look really angry.**
  너 진짜 화난 것 같아.
- **I'm about to flip out.** = **I'm going to freak out.**
  나 완전 돌아버리기 직전이야.

  벌컥 화를 내다, 갑자기 흥분하다

  be about to
  막 ~하려는 참이다
- **What happened?**
  무슨 일 있었어?
- **He lied to me!**
  걔가 나한테 거짓말을 했어!

Just flip over the card to see what's next!
카드를 뒤집어서 다음에 뭐가 나오는지 봐!

flip over ~를 뒤집다, ~가 뒤집히다

Don't make excuses! 변명하지 마!

변명이나 핑계(excuse)를 입에 달고 사는 사람들에게는 한 번쯤 이렇게 따끔하게 말해야 해. 변명하고 핑계 대는 것도 습관이야. 성적을 엉망으로 받아 놓고 I didn't have time to study.라고 말하는 사람에게도 Don't make excuses!

- **Sorry I'm late.**
  늦어서 미안.
- **It can't happen again.** = **It won't happen again.**
  다시는 늦으면 안 되는데.
- **Traffic was bad.** (교통(량))
  차가 무지하게 막혔어.
- **Don't make excuses!**
  변명하지 마!
  ✨ **make an excuse** 변명하다

+ **There's no excuse for this.** 이건 변명할 수가 없어.
  It's inexcusable. 변명의 여지가 없어.
  inexcusable 변명할 수 없는, 용서할 수 없는 (↔ excusable)

거짓말을 밥 먹듯이 하는 사람, 늘 잔소리를 입에 달고 사는 사람, 항상 사고를 치는 사람. 주변에 이런 사람들이 있으면 더 이상 못 참겠다는 말이 나오겠지? Enough is enough.는 그런 상황을 참다 못해 분노나 짜증을 표출할 때 적당한 말이야.

Enough is enough.

더 이상은 못 참아.

- **Are you firing Jake?**
  제이크를 짜르려고?

  fire 내쫓다, 해고하다

- **Yes! Enough is enough.**
  응! 더 이상은 못 참아.

  = That's enough.
  I've had enough.

- **What happened?**
  무슨 일이 있었는데 그래?

- **He lost another customer.** (손님, 고객)
  손님을 또 놓쳤다니까.

Don't rush me.

재촉 좀 그만해.

> 빨리 준비 안 한다고 야단하는 사람에게 그만 재촉하라고 쏘아 주고 싶을 때 딱인 말이야. rush는 '재촉하다'라는 뜻이지. Don't rush me.라고 말하면서 It won't be long.(오래 안 걸려.)라고 덧붙이면 더 이상 재촉하지 않겠지?

🎃 **I'm almost ready!**
준비 거의 다 됐어!

👻 **What's taking you so long?**
뭐가 그렇게 오래 걸려?

🎃 **Don't rush me.** 재촉하다, 급히 서두르다
재촉 좀 그만해.
= **Don't push me.**
Stop pushing me.
(push 몰아붙이다, 다그치다, 재촉하다)

👻 **We're going to be late.**
늦는다니까.

➕ **Give me a minute.** 잠깐만. 시간 좀 줘.
이렇게 말하면 더 재촉할 수도?

> head out은 '출발하다'라는 뜻이야. leave와 비슷해. 그래서 어디로 출발할 때 이렇게 말할 수 있어. head out for는 '~로 향하다, ~하러 나가다'라는 뜻이야. Let's head out for some ice cream!(아이스크림 먹으러 나가자!)

I'm heading out.
나 나간다.

🎃 **I'm heading out.**
나 나간다.

= **I'm on my way out.**

👻 **Have a fun night!**
재미있는 밤 보내!

★ **head out**
출발하다, 떠나다, 가다(= leave)

🎃 **I will. Thanks!**
그럴게. 고마워!

👻 **See you tomorrow.**
내일 보자.

> A **I'm heading out.** 나 갈게.
> B **Already? You just got here.** 벌써? 너 막 왔잖아.
> A **I'm not feeling well.** 컨디션이 안 좋아서.

Say hello for me.

안부나 전해 주라.

우리나라 사람들이 특히 자신 없어 하는 영어 표현 중 하나가
"안부 인사 전해 줘."가 아닐까 해. **Please give my best regards.**라고
길고 어려운 영어를 구사하려고 하지. 이제 간단히 말하자.
Say hello for me. 또는 **Send my best wishes.**

Did Jake make it?
제이크 왔어?

No, he's at home.
아니, 걘 집에 있어.

Bummer. Say hello for me.
아쉽네. 안부나 전해 주라.   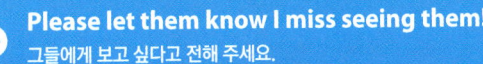 **Tell him I said hi.** 그에게 안부 전해 줘.

I will!
그럴게!

Please let them know I miss seeing them!
그들에게 보고 싶다고 전해 주세요.

MP3 **242**

> Don't forget to는 '잊지 말고 ~해'라는 뜻이야. 친구와 만났다가 헤어질 때 잊지 말고 전화하라고 할 수 있지. 그럴 때 이렇게 말하면 돼.
> 짧게 **Call me!**해도 되고. 요즘은 전화보다는 문자를 더 선호하는 것 같긴 해.
> **Don't forget to text me.**(잊지 말고 문자 보내[톡 해].)

Don't forget to call.
전화하는 거 잊지 말고.

🎃 **Drive safe!**  안전 운전하다 (safely가 아님에 유의)
안전 운전해!

👻 **I will.**
그럴게.

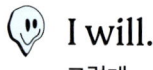 **don't forget to** 동사원형
~하는 것을 잊지 않다, 잊지 않고 ~하다

🎃 **Don't forget to call.**
전화하는 거 잊지 말고.

👻 **I won't. I'll call when I get home.**
그럼. 집에 도착하면 전화할게.   집에 도착하다(arrive home)

 I'll call you. = I'll give you a call. = Let me call you.
내가 전화할게.

Text me. 문자 해.

문자나 메신저 톡을 보내는 걸 한마디로 text라고 해. 그래서 문자 보내라는 말은 이렇게 간단히 Text me.라고 하면 돼. 조금 길게는 Send me a text (message).라고 할 수도 있고. 미국인들은 친한 사이에 send 대신 shoot을 쓰기도 해. Shoot me a text message.(나한테 문자 보내.)

🎃 **Here's my number.**
여기 내 번호.

👻 **Oh, really? Nice. Should I text you?**
오, 진짜? 나이스. 내가 문자 해도 돼?

🎃 **Text me.** = Send me a text (message). / Shoot me a text (message).
문자 해.

👻 **Okay. I'll text you some time.**
오케이. 언제 문자 보낼게.

➕ **Text me when you get free.** 너 시간 날 때 문자 해.

비행기가 이륙하는 걸 take off라고 해.
그런데 사람에게도 take off라는 표현을 쓸 수 있어. 비행기가 이륙하는 건 떠나는 거잖아. 사람이 take off하는 것도 떠나는 거야. leave라는 뜻이지.
참고로 지금 간다고 말할 때는 I'm taking off now. 현재진행 시제로 말해.

I'm going to take off. 나 이제 갈게.

🎃 I'm going to take off. = I'm leaving. I'm taking off.
나 이제 갈게. 나 갈게.

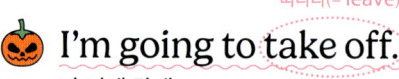 떠나다(= leave)

👻 I'm glad you could make it to the party.
네가 파티에 와서 기뻐.

🎃 It was good seeing you.
너 봐서 좋았어.

👻 You, too!
나두!

A **Why do you have your coat on?** 너 왜 코트를 입었어?
B **I'm going to take off.** 이제 가려고.

+PLUS

Ⓐ **Are you done for today?** 오늘 일 다 끝났어?
Ⓑ Yep. Heading home. 응. 집에 가는 중.
Ⓐ Have a good night. 좋은 밤 보내.
Ⓑ Take care! 조심히 가!

- be done for today 퇴근하다, 하루 일과가 끝나다

Ⓐ What's up? 무슨 일이야?
Ⓑ I'm running to the store. 나 잠깐 가게 다녀오게.
Ⓐ Drive safe. 운전 조심.
Ⓑ I will. **Be back soon.** 응. 금방 올게.

- run to : 급하게 달려간다는 의미
- Be back soon. = I'll be back soon.

헤어질 때 인사
Take care! 조심히 가!
Be careful! 조심해!
Take care of yourself. 잘 지내.
See you around! 나중에 봐!
It was nice seeing you. 만나서 반가웠어.
It was nice catching up. 오랜만에 얘기해서 좋았어.
Let's do this again soon. 조만간 이런 자리 또 만들자.